天津美术学院招生办公室 编

天津美术学院
本科入学考试
优秀试卷

艺术设计 工业设计 动画

人民美术出版社

图书在版编目（CIP）数据

天津美术学院本科入学考试优秀试卷. 艺术设计、工业设计、动画 / 天津美术学院招生办公室编. —— 北京：人民美术出版社，2011.8
　ISBN 978-7-102-05709-5

Ⅰ. ①天… Ⅱ. ①天… Ⅲ. ①艺术－设计－高等学校－入学考试－自学参考资料②工业－设计－高等学校－入学考试－自学参考资料③动画－绘画技法－高等学校－入学考试－自学参考资料 Ⅳ. ①J

中国版本图书馆CIP数据核字(2011)第177970号

天津美术学院本科入学考试优秀试卷　艺术设计　工业设计　动画

编辑出版	人民美术出版社

（100735 北京北总布胡同32号）
http://www.renmei.com.cn
发行部：(010)65252847　(010)65256181
邮购部：(010)65229381

编　　者	天津美术学院招生办公室
责任编辑	夏　岚　张　侠
助理编辑	任继锋
封面设计	陈　侃
装帧设计	齐斐然　朱　赫
作品翻拍	金　山　王　润
责任校对	马晓婷　文　娅
责任印制	文燕军
制　　版	北京杰诚雅创文化传播有限公司
印　　刷	北京市雅迪彩色印刷有限公司
经　　销	新华书店总店北京发行所

2011年12月第1版　第1次印刷
开本：889毫米×1194毫米　1/16　印张：12.25
印数：0001－3000
ISBN 978-7-102-05709-5
定价：76.00元

版权所有　翻印必究

目录

素描 ········· 1
色彩 ········· 59
速写 ········· 133

天津美术学院简介

天津美术学院坐落在海河之滨、三叉河口，位于天津市中心。其前身为北洋女师范学堂，1906年6月由中国近代著名教育家傅增湘先生创办，是我国最早的公立高等学府之一。辛亥革命与五四运动中，涌现出邓颖超、郭隆真、刘清扬、许广平等一大批先进分子，成立了"觉悟社"，并同周恩来、马骏等男校学生一起，领导了当时天津的反帝反封建斗争，谱写了中国近代史上光辉的一页。

该校初期是师范教育的学校，1926年左右，专门设立了美术科，同时增设了西画、国画、图案3个专用教室。1929年美术科发展为图画副系，学校成为当时国内建制最完善的师范院校之一，设有家政、国文、英文、史地、教育、音乐、数学、理化和生物9个系，图画、体育2个副系，在校学生达350人。新中国成立后，学院经过多次调整、易名，经历了河北师范学院、河北天津师范学院、河北艺术师范学院、河北美术学院、天津艺术学院等时期，于1980年2月定名为天津美术学院。

学院占地188亩，建筑面积162850平方米，目前设有美术学、绘画、艺术设计、工业设计、雕塑、动画、设计艺术七个本科专业，设有中国画、书法、油画、版画、雕塑、公共艺术、视觉传达设计、装饰艺术设计、服装艺术设计、染织艺术设计、环境艺术设计、工业设计、数字媒体艺术、移动媒体艺术、摄影艺术、综合绘画、动画艺术、美术史论、设计史论等19个专业方向，有硕士研究生、本科生、留学生等各类在校生4000余人。学院以本科教学为主体，注重教学与研究协调互动，强调以学科发展为中心的学院全面建设。学院秉承"严谨治学、注重质量"的教学传统，树立"厚基础、宽口径、以生为本"的办学理念，以构筑科学化的本科课程体系为主线，深化教学改革，提高教学质量。学生通过公共课、专业基础课、专业方向基础课的学习，夯实基础，又通过选修专业教学工作室的个性化课程群组和全院范围跨专业任选课，在完整地学习本专业（方向）知识体系的基础上，或自主选择，扩展知识面，或继续深造，在本专业（方向）获取更高层次的知识，或在本专业（方向）的基础上，辅修第二专业（方向）。与此同时，学院通过导师制科学地指导学生设计适合个人成长的选修方向，改变单一培养模式为因材施教和注重个性发展，实现"专业基础扎实、知识结构完整和专业技能宽泛，有较高的文化素养和创造潜能，具备未来自我选择和自我发展的能力，德才兼备的高素质艺术人才"的培养目标。

为加强实践教学，改进教学手段，近几年，学院投资千万元，建设有绘雕艺术学科实验中心、艺术设计学科实验中心和现代艺术学院实验中心，还建了一批工作室、电教室、语音室、多功能室、演播室。学院建有千兆接入Internet的校园网，运行着艺术资源数据库以及教学、管理等多个数据平台，逐步向数字化校园推进。学院图书馆具有"藏书丰富、馆藏特色、管理现代化"等特点，馆藏有国家级中国书画作品、陶器和青铜器等文物以及各类复制资料近万件。学院师资力量雄厚，荟萃一批海内外享有盛誉、教学严谨的美术教育家和知名学者。目前共有专任教师246人、外聘教师110人，还聘请了24位美、法、德、日等国的著名学者及国内著名学者担任兼职教授。

学院对外交流活跃，先后与美国、法国、德国、比利时、韩国等国家的艺术院校建立了友好关系，经常邀请国外著名教授、专家来院授课、专题讲座或举办画展。学院率先同法国部分美术学院成功地建立了3+1和2+1模式互相承认学历、承认学分的办学项目，双方每年互派交流教师和学生留学研修，每年选派留法学生20余名。

面向21世纪，学院秉承"崇德尚艺，力学力行"的校训，遵循艺术教育规律，树立科学发展观念和"以人为本"的教育理念，以培养学生的创造精神和实践能力为基点，造就适应社会发展需要的、德才兼备的高素质艺术人才，以沉静和进取的精神，以包容和开放的姿态，将天津美术学院办成立足民族文化根基，融汇不同文化精华的学术研究、创作和人才培养基地。

试卷点评教师

李炳训
张耀来
郭振山
张永典
孙文龙
张燕云
邬海青
王立德
林晓明
路家明

编　委

朱丽琴
刘培杰
王利军

素 描
Drawing

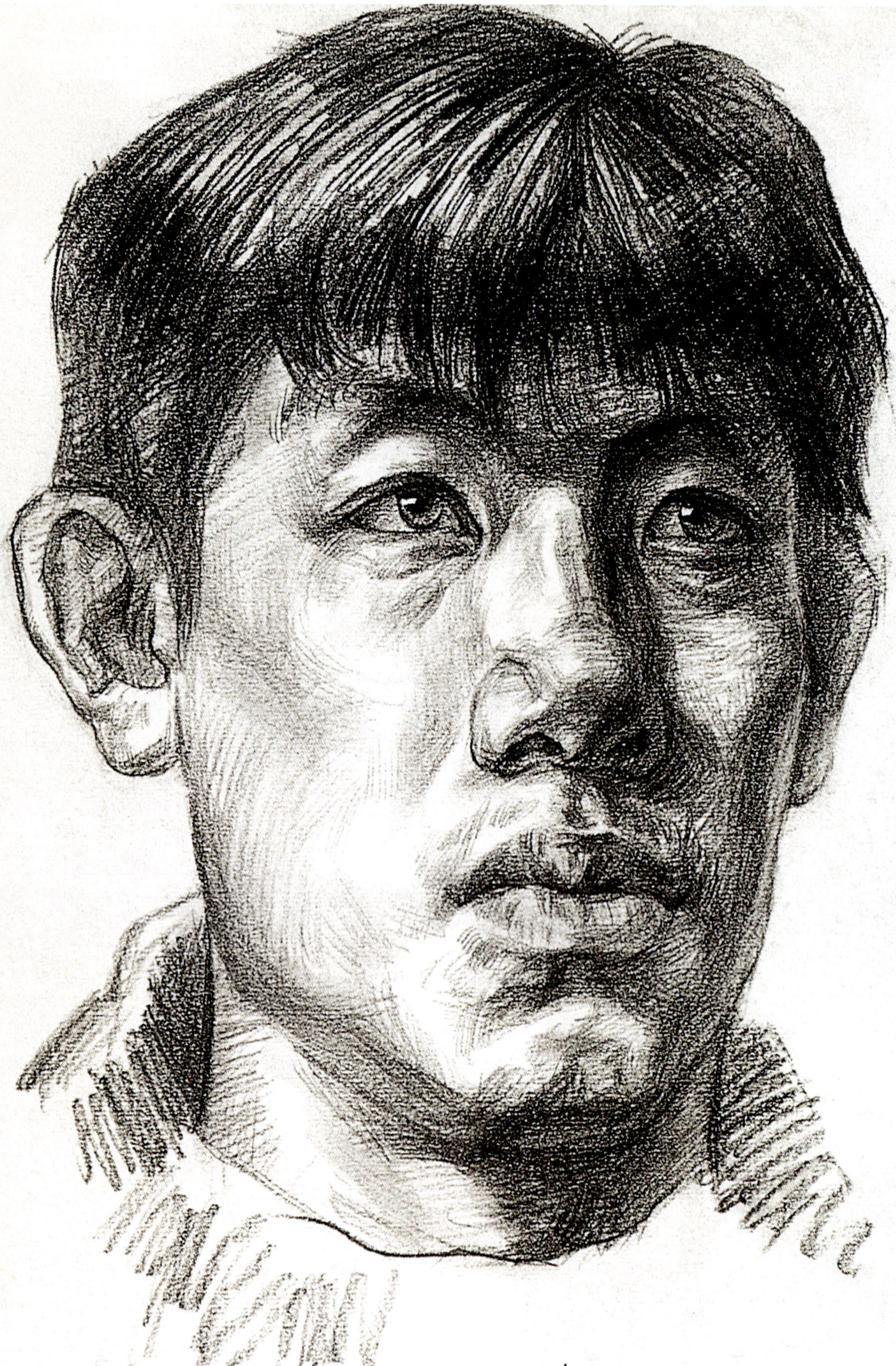

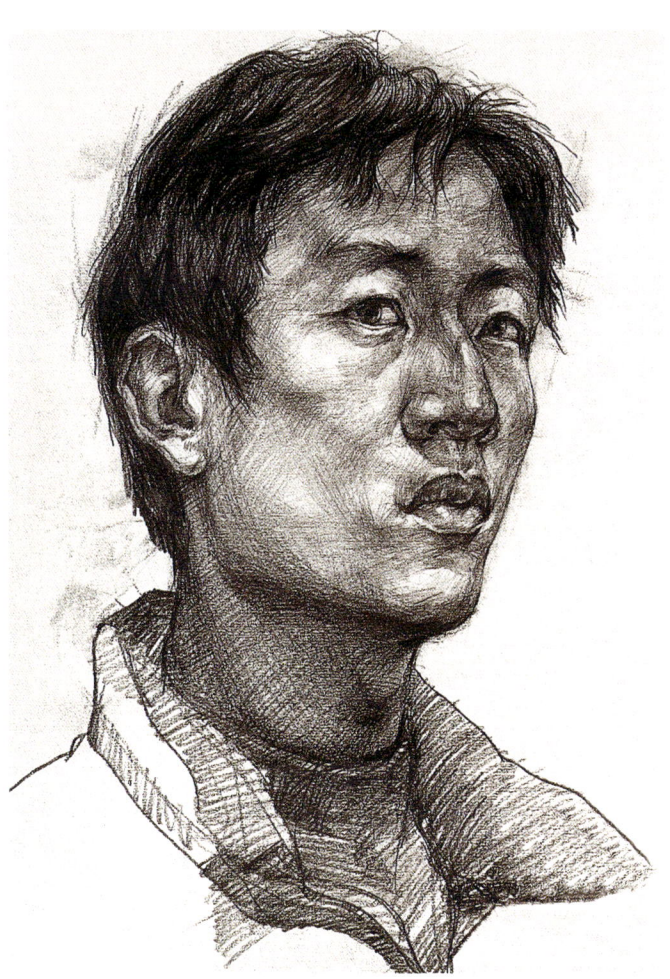

1* 此试卷整体关系处理很好，人物的面部表情与结构特征表现很充分，形体刻画结实有力，用笔肯定、流畅。画面构图应向后些，为脸的前面留有一定的空间。

2* 人物头像形体结构造型准确、体积感强。神态刻画生动，画面完整。素描的黑白灰层次关系明确。头发感觉有些紧贴在头骨上，略显单薄。

3* 这一试卷整体效果较完整，人物神态把握良好，形体结构刻画充分。面部相似的灰度调子过多，缺少变化，画面显得有些灰，右眼透视转折关系稍有欠缺。

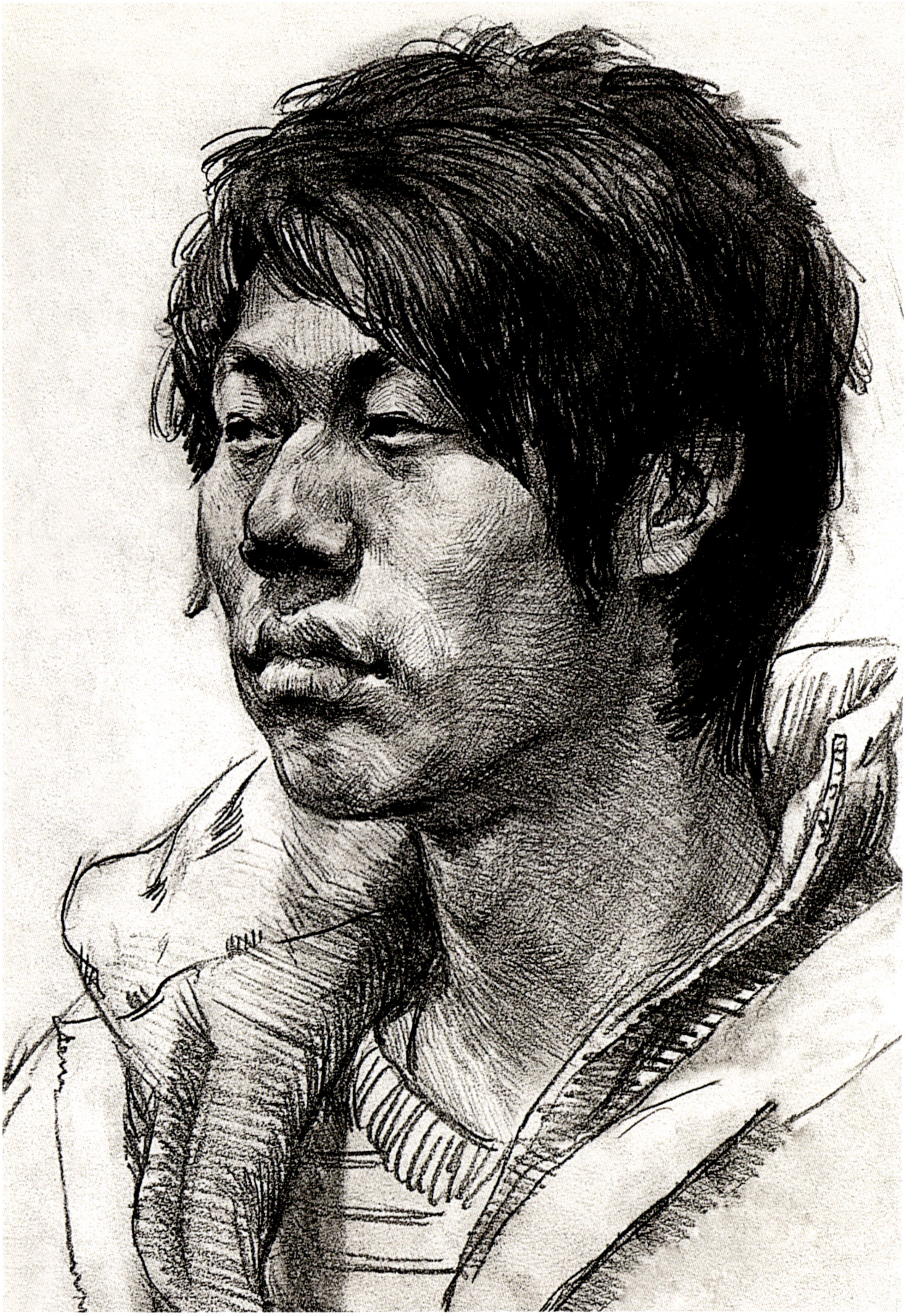

1*该试卷画面整体效果很好，构图舒展完整，形体刻画充分有力度，画法流畅自然，人物的神态与形象特征刻画深入。衣服的明暗调性应完整些。耳朵的体积略显单薄。

2*画面的人物神态与形象特征表现充分，人物的形体结构塑造结实有力，画面完整，光影与黑白关系明确。五官的局部结构表现得不够准确。

3*该试卷画面的黑白关系明确，整体氛围表现富有力度，人物形象特征鲜明，刻画生动自然。面部的结构表现略显松了一些，不够结实。

优秀试卷　　艺术设计 工业设计 动画

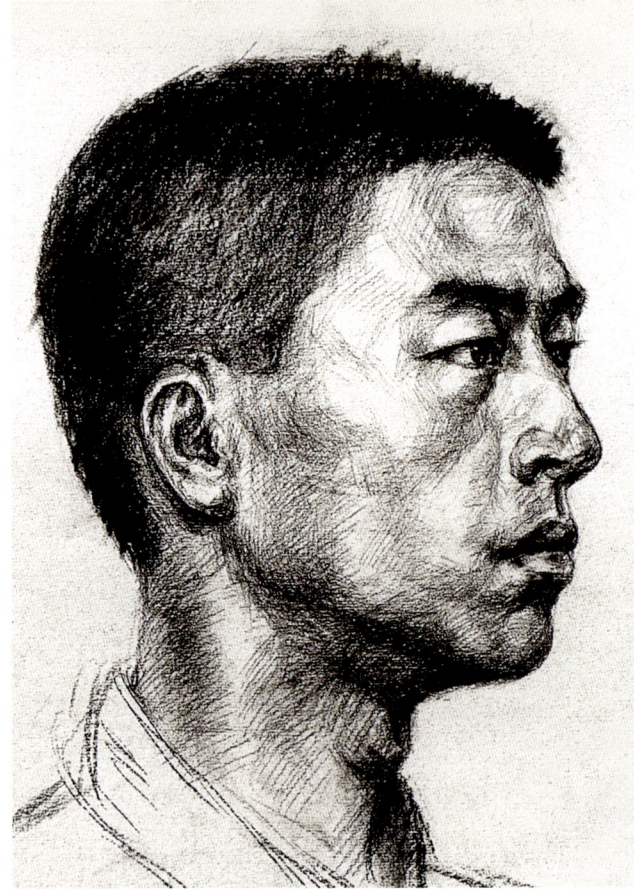

Super Papers: Design, Industrial Design & Cartoon

1*该试卷表现了在光源较散的情况下,对人物形体结构的有效控制,画面形体塑造饱满,表现手法大气,技法运用娴熟,整体效果良好。

2*画面人物神态刻画充分,表现了军人的气质,侧面人物头像的结构空间关系处理得当,画面的整体效果良好。整体形体塑造结实感尚有欠缺。

3*该试卷表现手法略显得有点紧,不够放松。画面人物刻画较为深入,构图完整,结构准确,画面黑白灰关系处理得当。

4*该试卷表现出考生具有较强的造型能力和画面的组织控制能力,是一幅优秀的试卷。人物神情刻画生动,形体塑造饱满结实,光影效果及画面的层次关系处理得当,表现技法熟练流畅。

5*画面的整体感觉有厚重的雕塑感,表现了该考生较强的形体塑造能力。画面构图完整,人物神态表现充分,光影、体量、空间关系表现得当,是一幅优秀的素描作品。

6*该幅素描整体效果表现得较为轻松,以结构为重点。头发虽没有很重(深)的调子,但形体结构表现得很充分。人物神情刻画生动,表现手法熟练,构图安排得当。

1	2	5
3	4	6

优秀试卷　　艺术设计 工业设计 动画
Super Papers: Design, Industrial Design & Cartoon

优秀试卷　艺术设计　工业设计　动画
Super Papers: Design, Industrial Design & Cartoon

1*该试卷充分表现了手对脸部托挤后面部的形体变化效果。人物的形体塑造生动准确。画面体现了线的排列与纸笔擦块互相结合的效果，技法运用娴熟，表现得当。

2*该试卷构图略显靠前了一些。画面的形体结构关系，黑白灰关系，光影关系表现均可。

3*这幅试卷人物的表情特征与形体结构表现充分，画面构图完整，光影体量关系处理得当。脸部结构特征的刻画缺少层次变化。

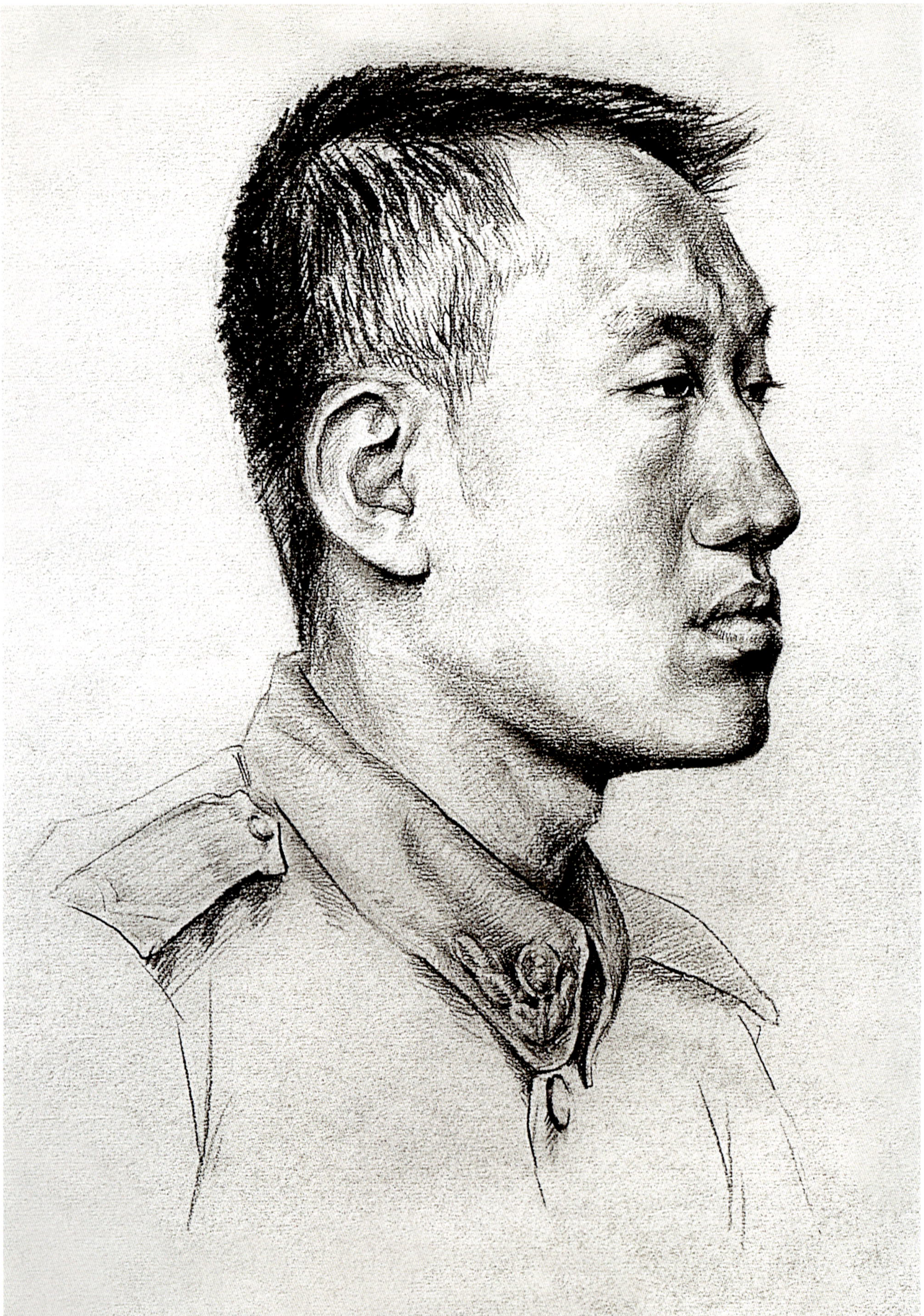

1*此考生用非常细腻的表现手法，刻画出人物内心刚毅的性格。亮面的素描层次是非常微妙的部分，考生非常轻松并清晰到位地表现出亮部的微妙层次，但在厚重感和体量感上还稍有欠缺。

2*此考生的素描功底很好，对人物的神态、面部特征有较深入的观察，刻画和表现很充分。使军人的风度充分显现出来。画面的节奏性和完整性表达得也很充分，整体效果把握得非常好。

3*画面整体氛围突出，头部刻画结实而有力度，强烈的光感表现充分显现了人物的性格，更加突出了整体气氛。但是，此考生在局部的细节刻画上还略显欠缺。

4*画面的整体效果很好，黑白效果突出。结构准确，人物性格鲜明，结实而不失女性的秀气。素描关系处理得也很主动，头发画得生动、自然。构图安排也很得当。只是在透视上稍有些偏差，因为人物不是完全的正面，所以左眼与鼻子都应随透视而有些变化。

5*该考生有很好的造型基础，结构准确，黑白鲜明，松动的线条却又不失结实的素描效果，头发表现得既生动、随意，又有质感和动感。画面的完整性体现出考生的基础和功底。

1	2
	3
4	5

优秀试卷　艺术设计 工业设计 动画

Super Papers: Design, Industrial Design & Cartoon

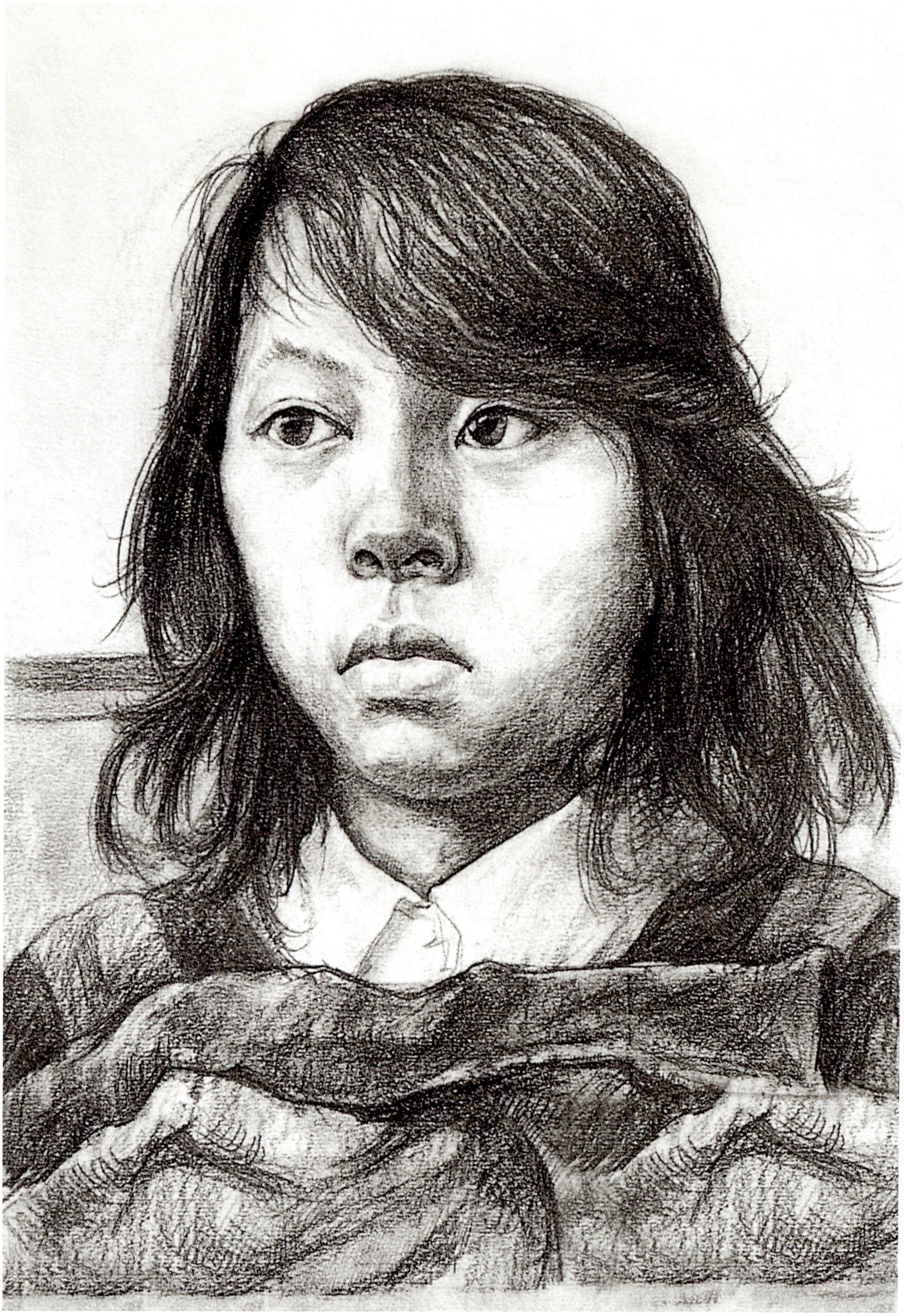

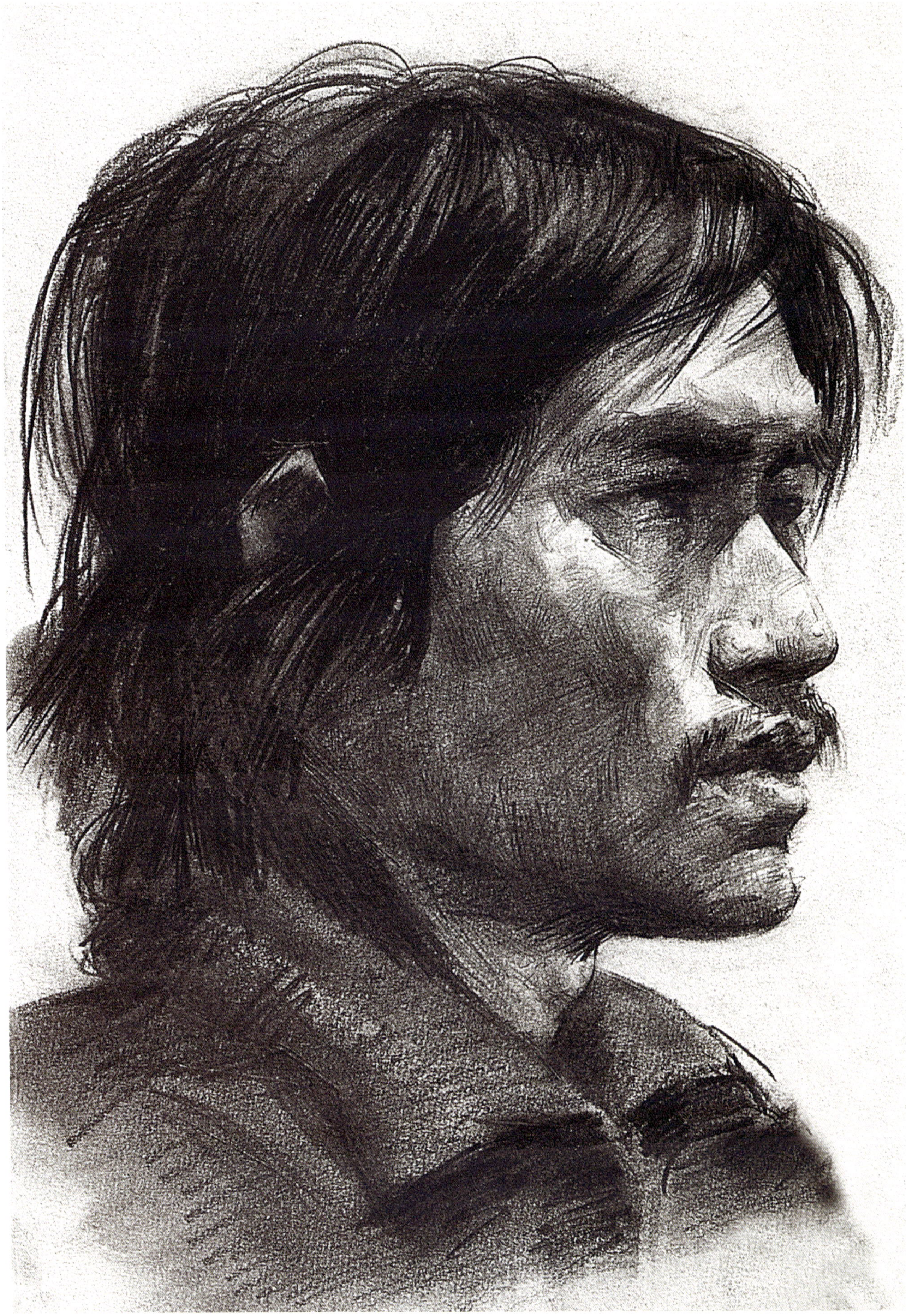

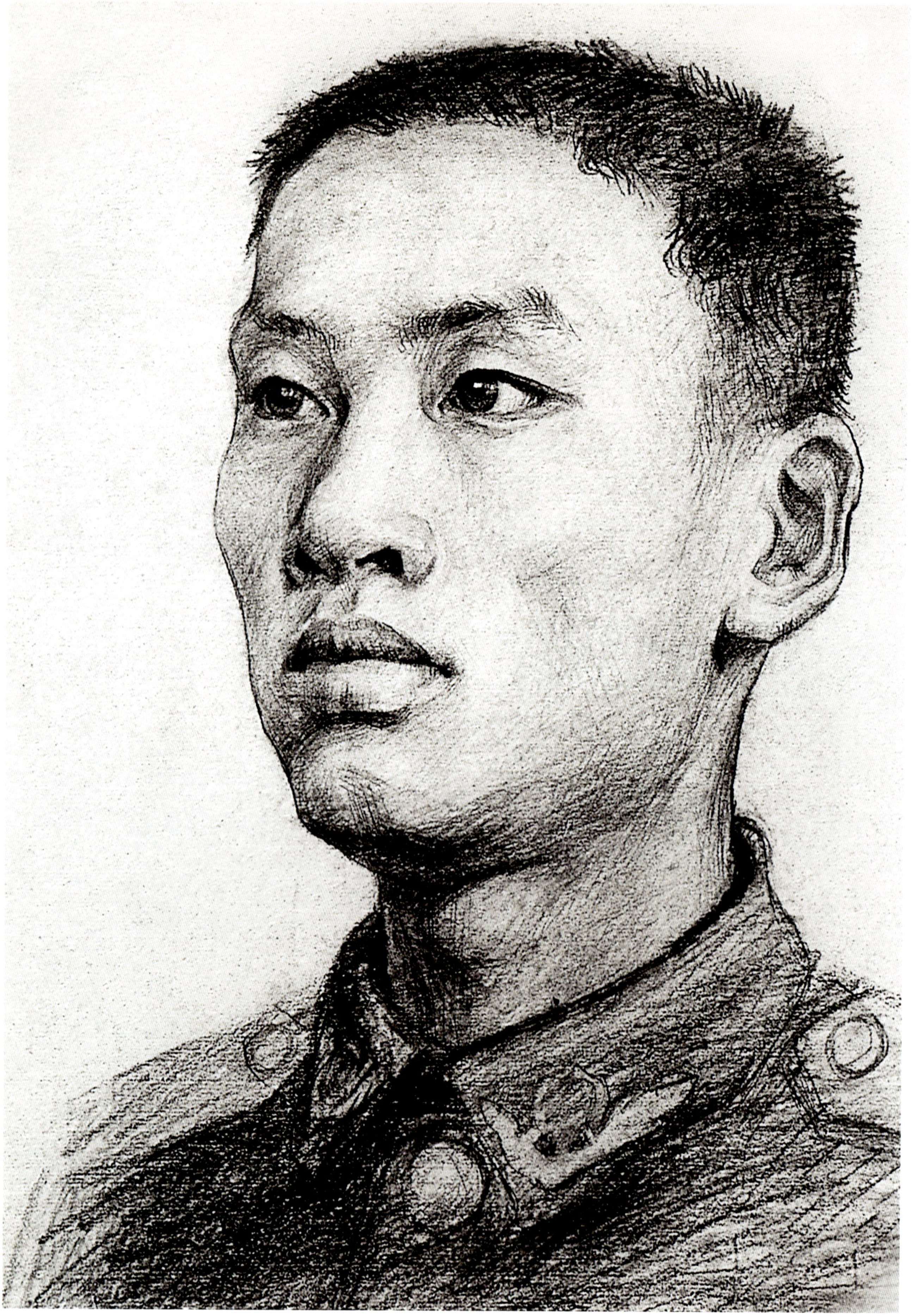

1*结构准确，结实有力度。表现出人物坚毅果敢的性格。构图完整，并且很好地把握了整体效果。但考生只重视结实忽略了生动感。

2*画面完整，构图得当。对人物的神态把握比较准确，充分显现了人物的性格。表现手法非常放松，这就更加突出了整体气氛。此考生的素描感觉和素描功底都很好。

3*此考生的素描感觉和素描功底很好，人物的结构和素描关系都把握得很好，结实而生动。头发表现得也生动、有质感，并且很好地把握了整体效果。

4*此考生对人物的神态把握比较准确，画面构图及素描效果完整。结构结实而不失生动。只是耳朵的位置稍有偏差。

5*画面的整体效果很好，黑白效果突出。结构准确，人物性格鲜明，素描关系处理得也很主动。但右面的眼睛与嘴角在透视上稍有偏差。

1	2
	3
4	5

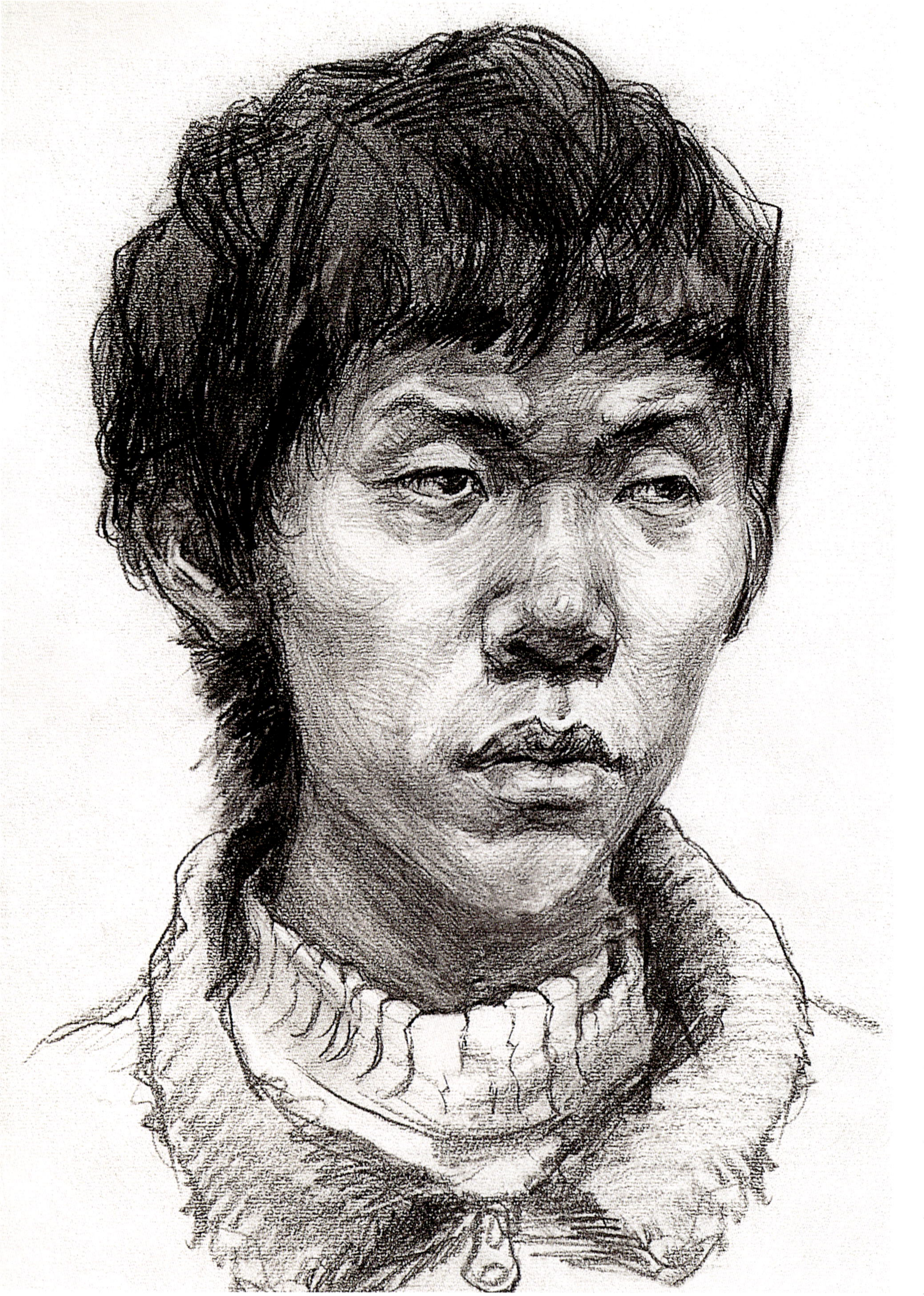

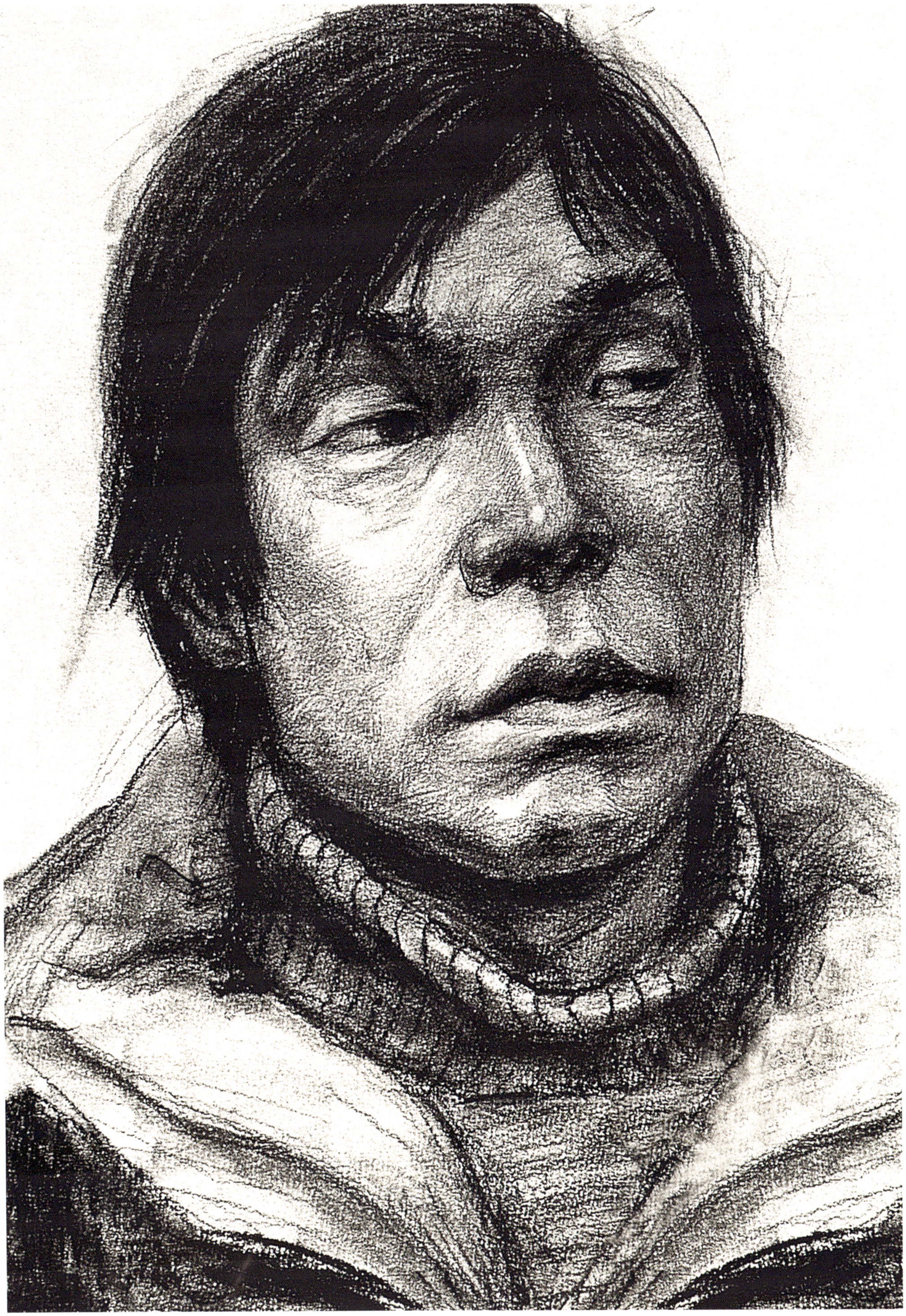

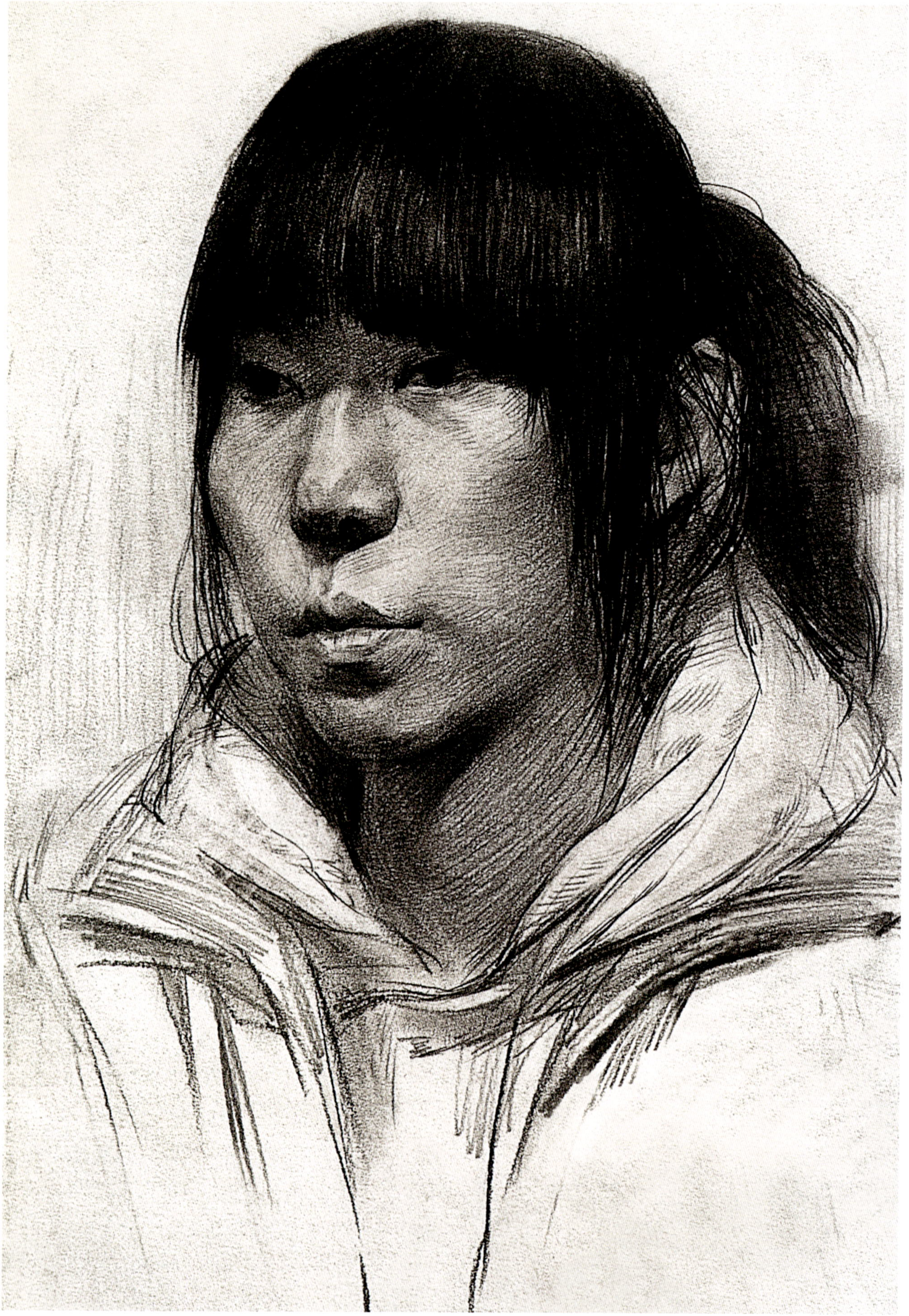

1*此考生利用较熟练的素描功底，对人物的神态把握得比较准确，充分显现了人物的性格。对结构、透视、素描关系等方面处理得也很主动，并且在画面的整体效果上把握得也很好。

2*此考生有较强的绘画能力，对人物的结构与神态都把握得很到位。局部细节的刻画也很深入。构图完整、整体效果好。充分表达了画面的完整性和节奏感。

3*人物头像比例结构表现准确，面部运用明暗调子处理层次关系较好，五官细节刻画到位。脸部外侧稍显外翻，显出透视关系处理欠佳。

4*生动的画面表现出考生较扎实的素描功底，并且很主动地把握了画面的整体效果。结实而生动的素描关系充分表达出人物的体量感及个性效果。只是右边嘴角稍显出透视问题。

5*写生头像构图较好，模特动态及神情均表现到位。明暗调子配置上纯熟细腻，反映出该考生有较强的画面表现意识与塑造能力。

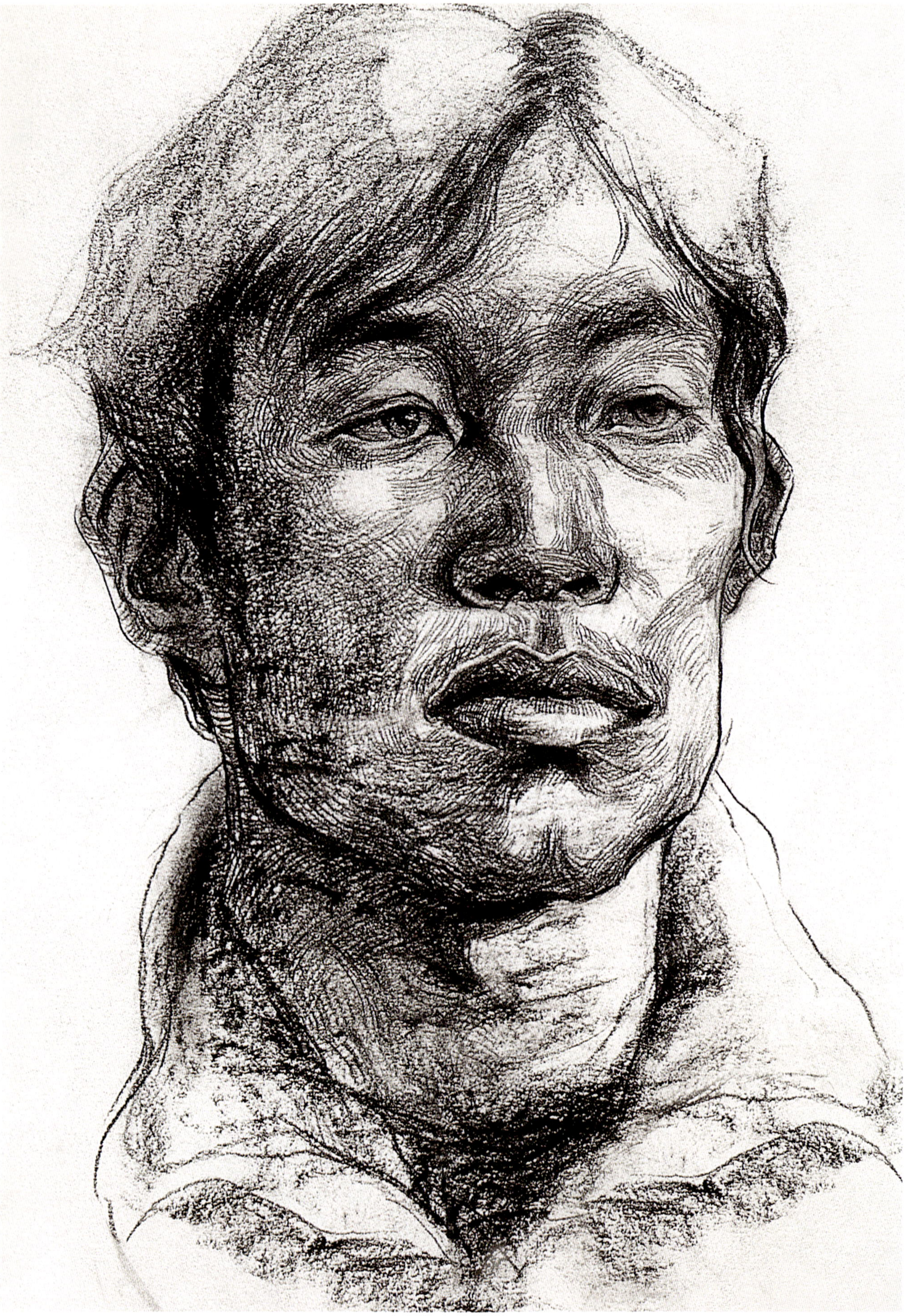

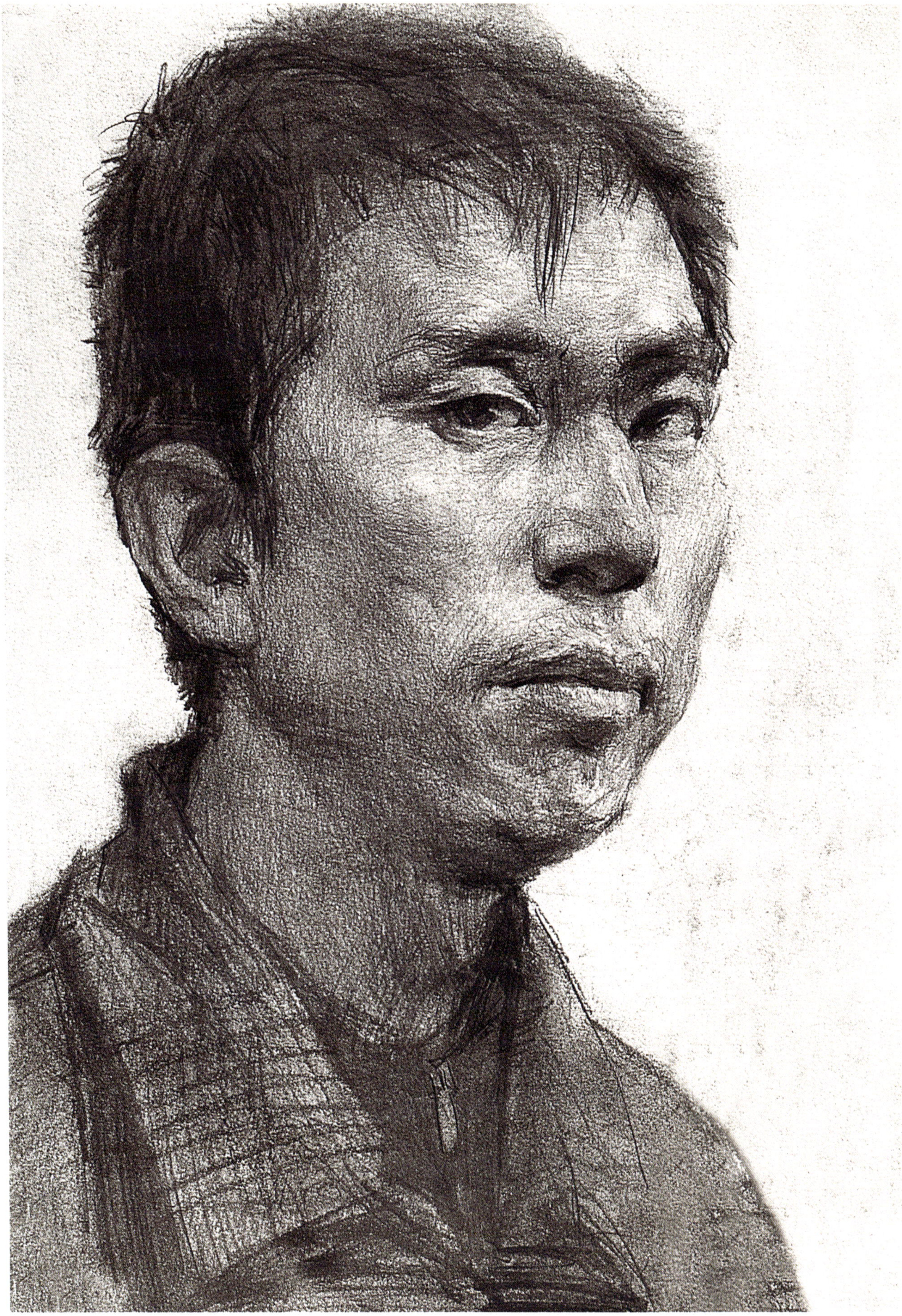

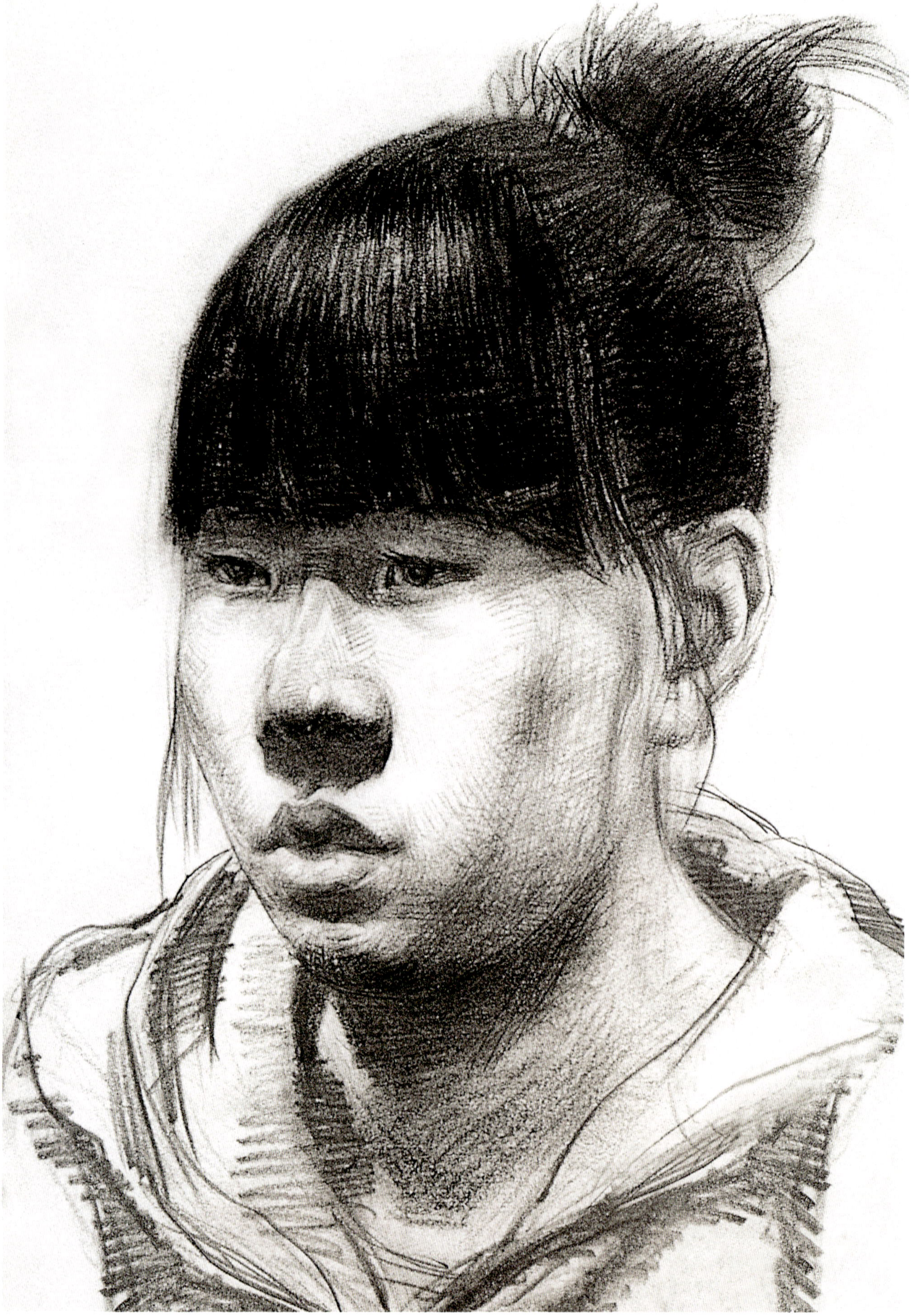

1*画面构图饱满，整体形象突出，塑造主动，显得有气势。善于运用强烈的明暗光影效果进行造型，画面效果响亮。

2*画面整体布局较好，头、手部组合协调，面部结构表现清晰。运用明暗调子结合面部结构涂抹，层次细腻，有一定表现力。

3*画面构图完整，用笔及明暗配置极具主动性，运用明暗线条造型手法纯熟活泼，形象生动具体，很有表现力。

4*画面构图完整，特别是对模特神情的把握比较到位，对形体、结构感觉敏锐，彰显该考生捕捉、把握人物性格特征的能力。

5*头像造型准确，运用明暗造型能力较强，头部结构刻画结实、有力度，用笔肯定、流畅。手与头部姿态表现上稍显不够自然。

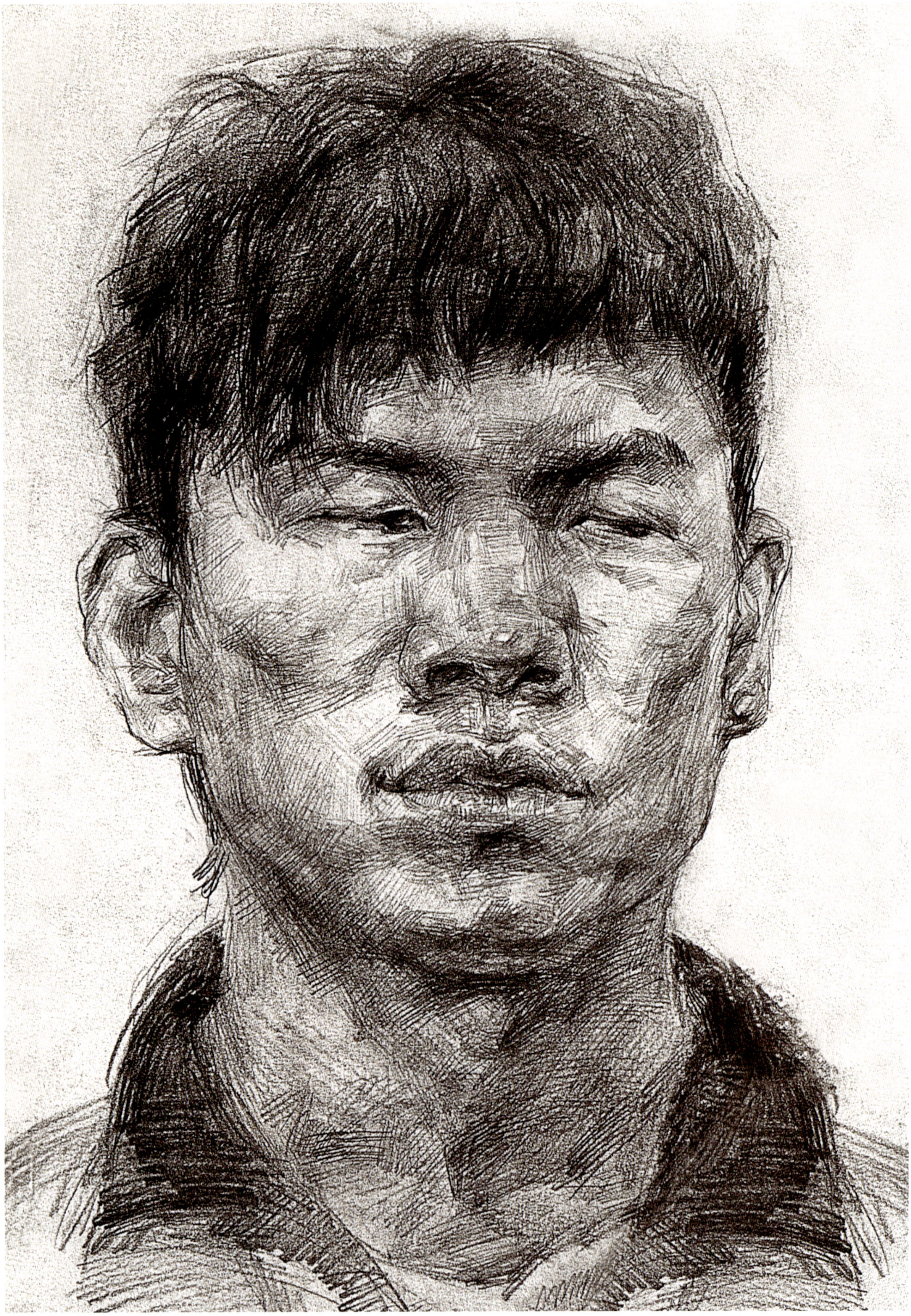

优秀试卷　艺术设计 工业设计 动画

Super Papers: Design, Industrial Design & Cartoon

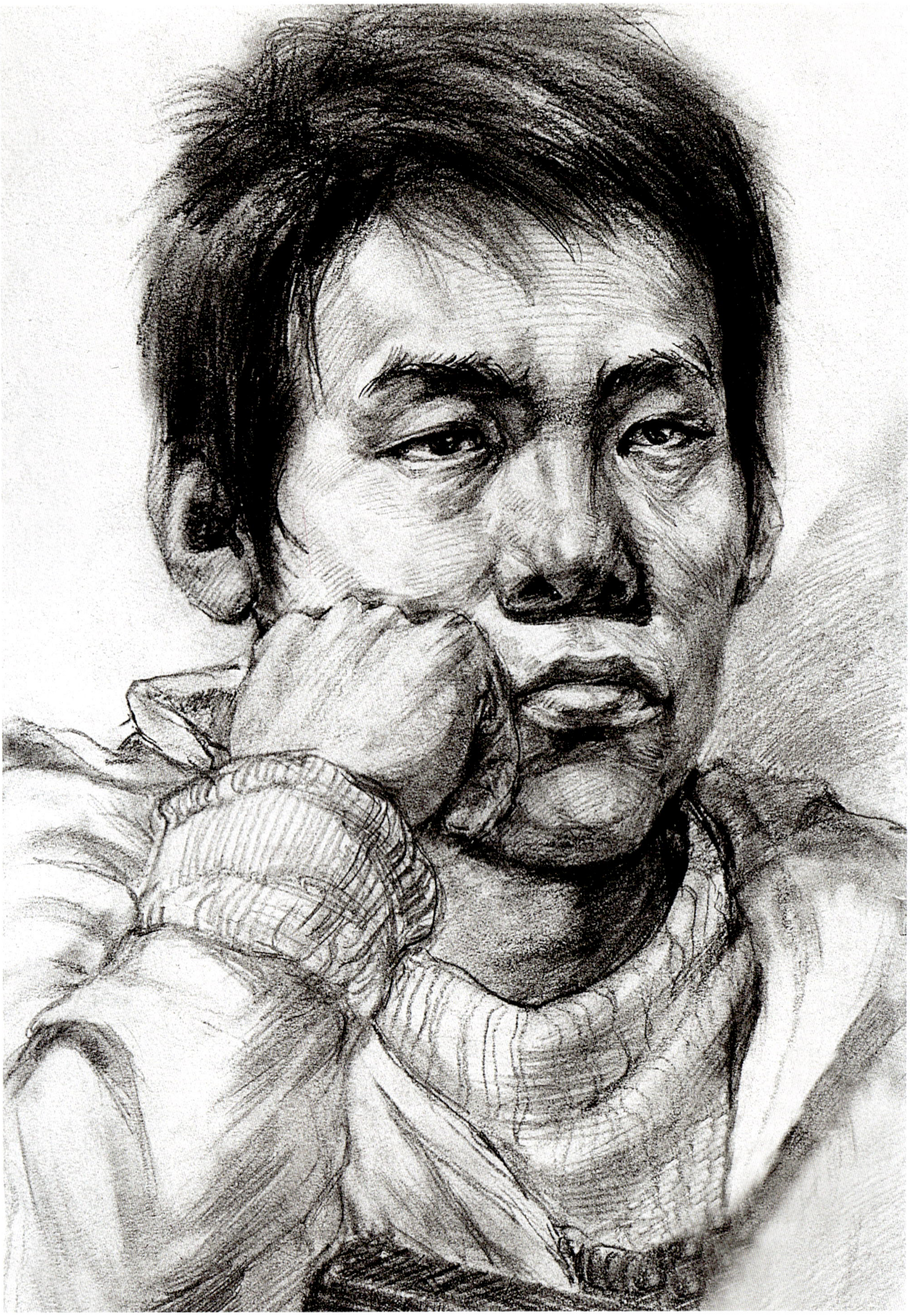

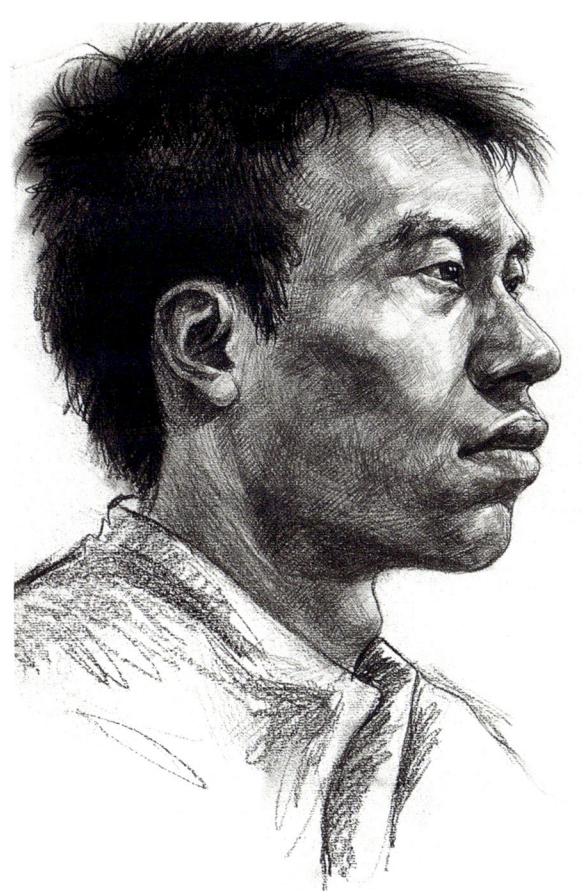

1*画面构图完整，人物头部结构与姿态准确，头与手的关系处理较为协调自然。运用线条与明暗调子相互配合塑造形体，造型具体充分。

2*画面构图自然完整，人物姿态、表情把握较为到位，面部运用明暗线条造型主动充分，反映出该考生有较强的画面表现能力。

3*画面整体布局完整，面部结构关系及透视变化均表现得比较到位，配合结构表现处理明暗调子具有强烈黑白剪影效果，表明该考生能较好地把握画面整体关系。

4*画面构图饱满，对模特的结构与表情把握较好，面部结构运用线条刻画细致入微，表明该考生在运用线条、明暗等手段掌握头像整体结构、明暗布局，借此完成造型任务方面有较强能力。

5*画面构图较好，模特面部结构及神情均表现较好，在运用明暗、光影手段塑造形象方面具体、充分。脖颈与肩部连接处表现有些脱节。

1	2
	3
4	5

优秀试卷　　艺术设计 工业设计 动画
Super Papers: Design, Industrial Design & Cartoon

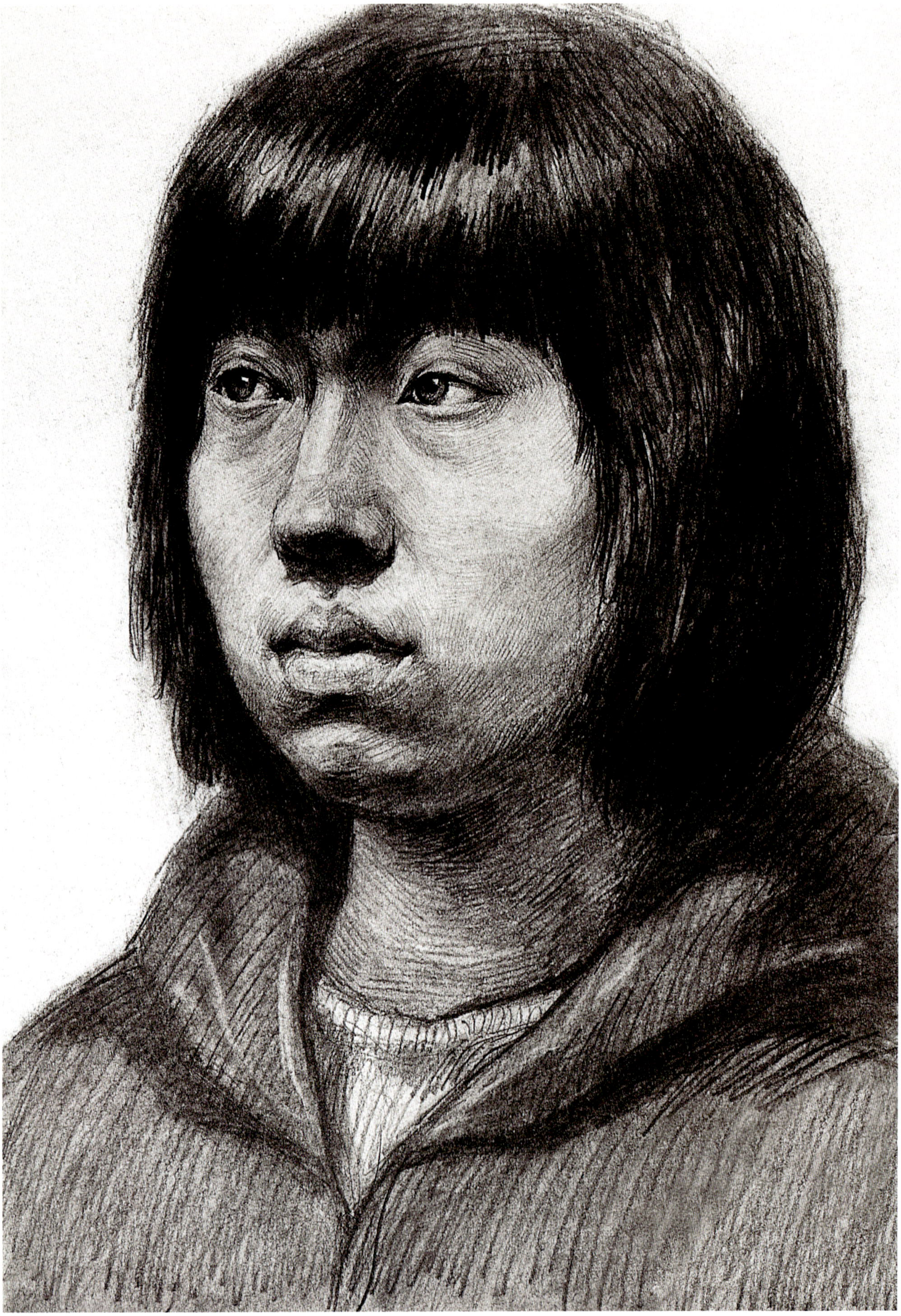

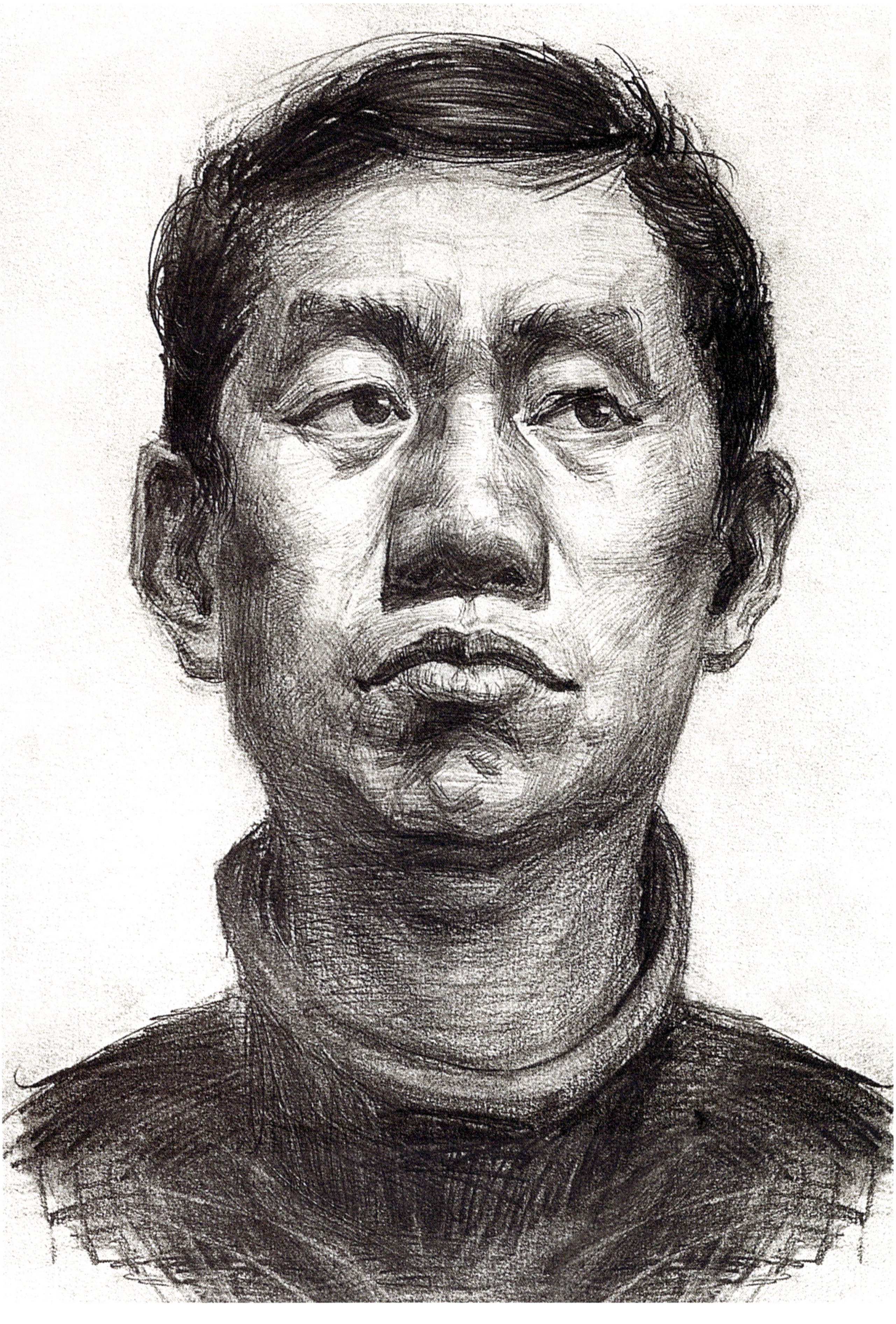

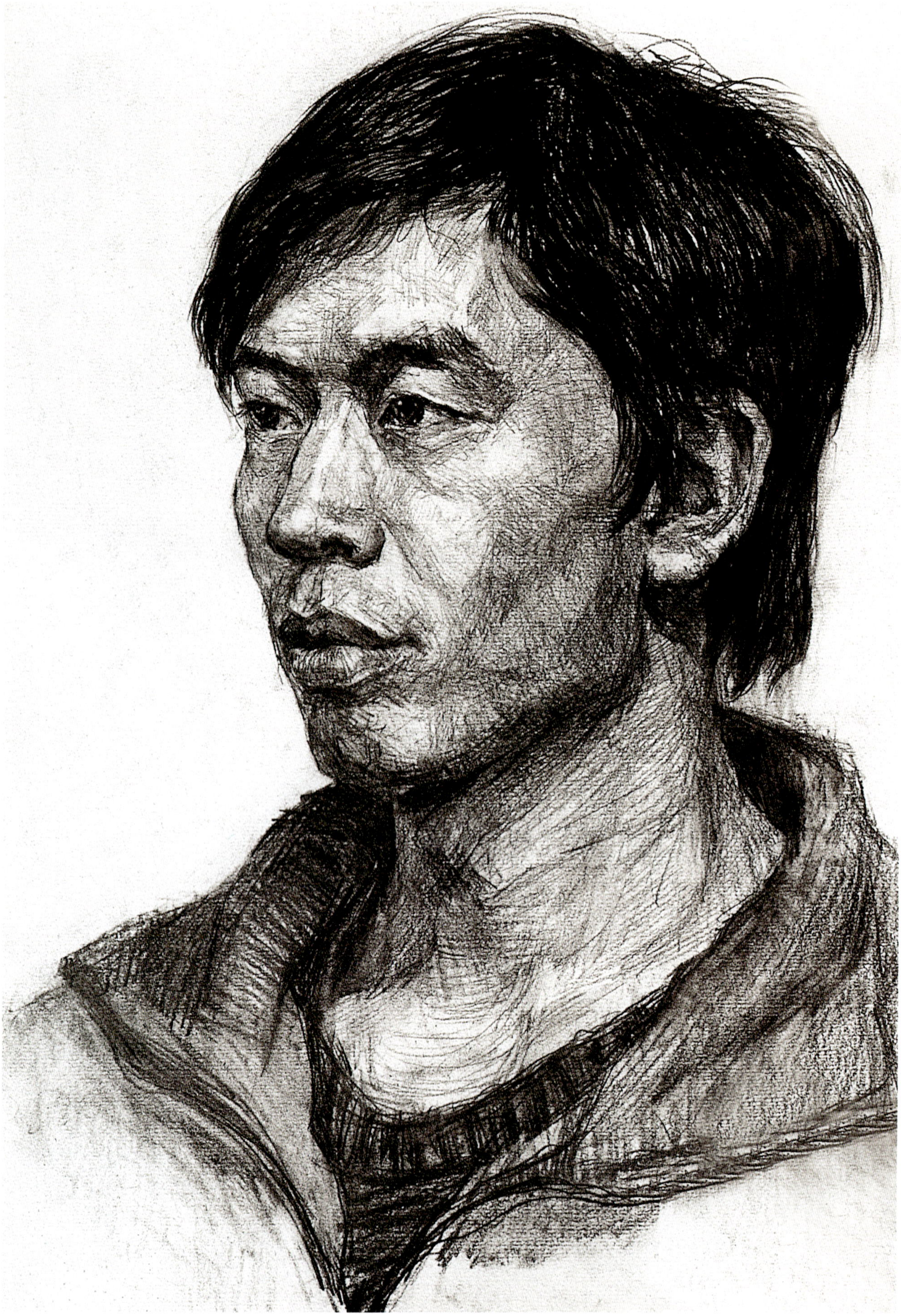

1*这幅试卷构图饱满、布局得当。头像的基本轮廓和透视比例关系处理得较为准确，形体的塑造比较厚实，利用明暗较好表现形体的体面转折及起伏关系，通过对头像内在结构的理解使画面整体结构关系较为严谨。头、颈、肩及领部的刻画都比较舒服，但画面的形体空间关系略显平板，如再注意主次及虚实、强调与减弱的对比会使画面更精彩。

2*这幅试卷整体效果强烈，用光影和明暗很好地把人像的体积和空间关系表现出来，由于是半侧面角度，眼睛、鼻子、嘴的透视形比较难画，但这个考生却很好地把透视转折关系表现出来，经过归纳的黑白灰调子使头像的形体起伏恰到好处。画面有紧有松重点突出，特别是边缘线的处理虚实、方圆得当。

3*在考试时如果遇到正面的人像角度，需要注意额头、鼻子、下颌和嘴的前后空间位置，这幅试卷基本上把头像的体块空间关系表现出来，但嘴的刻画略显突出，使之超出了鼻子的空间位置。女人像的结构变化比较微妙，在刻画时不能过于强调内在结构解剖。要把感受与理解相互结合，通过感觉把她画出来。这幅画很结实地把形体关系刻画出来，画面较为完整。

4*这幅试卷画面头、颈、肩的位置得当，人物的形象特征抓得非常准确，且线条肯定，很好地表现出男青年头部结构的转折变化。正侧面的角度在处理立体的空间效果时比较难，特别是鼻子、颧骨和耳朵、枕骨之间的空间位置，但这个考生很好地把握了这几个关系，耳朵的结构关系画得很准。整个画面调子非常概括，一气呵成，表现出很熟练的写实能力。这幅试卷布局很好，形象特征抓得很准确，用笔肯定。

5*整个画面较为完整，人物的形象特点画得比较生动，大的明暗、色调、黑白把握得还好，对比也很强烈。人像的形体感也充分地表现出来，头、颈、肩的结构穿插也很舒服。但五官的空间关系略显不足，如嘴与鼻，特别是嘴的形体强调得有些过分。再有脸的轮廓线处理有些僵板，如注意画面的虚实、松紧变化会更好。

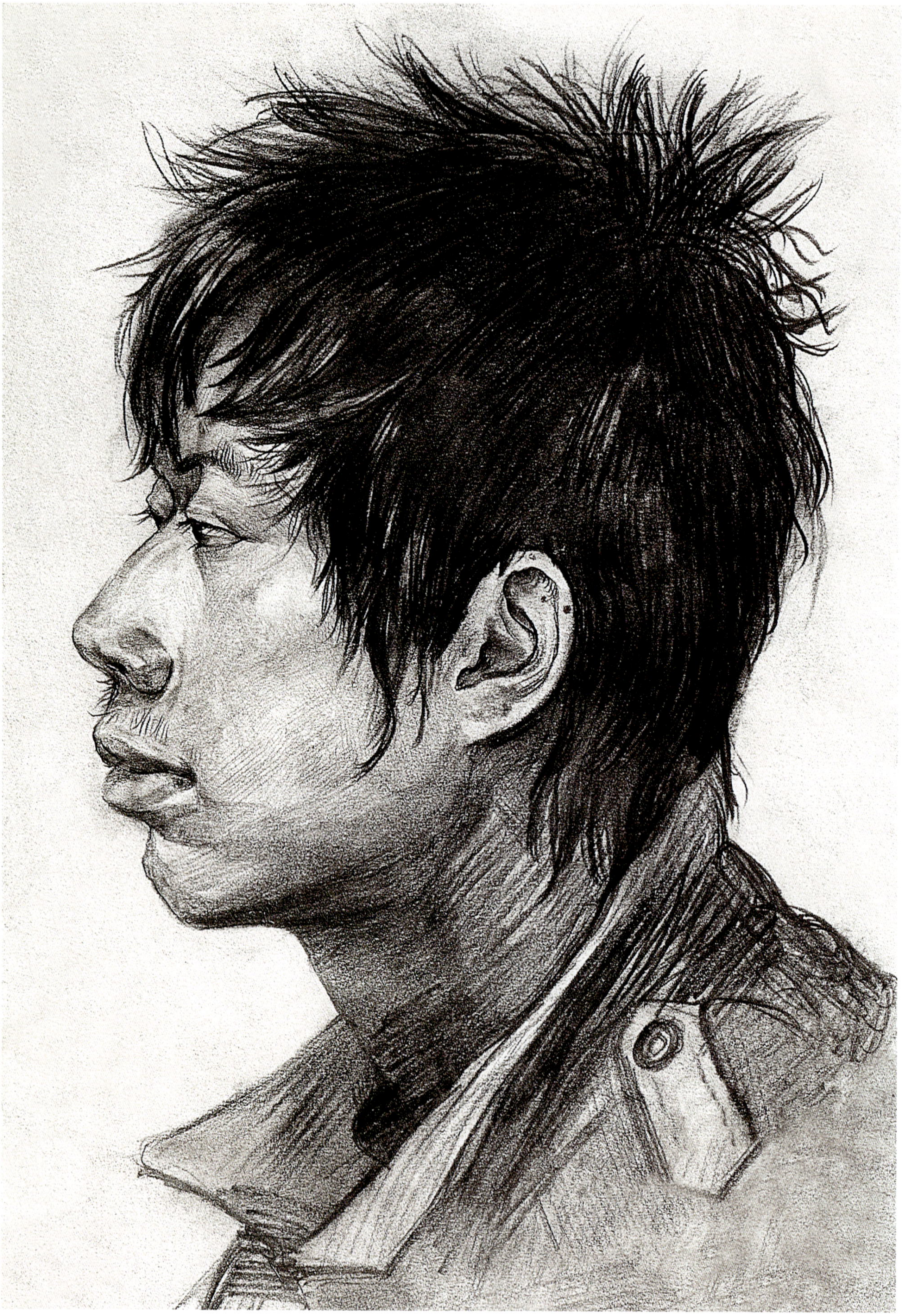

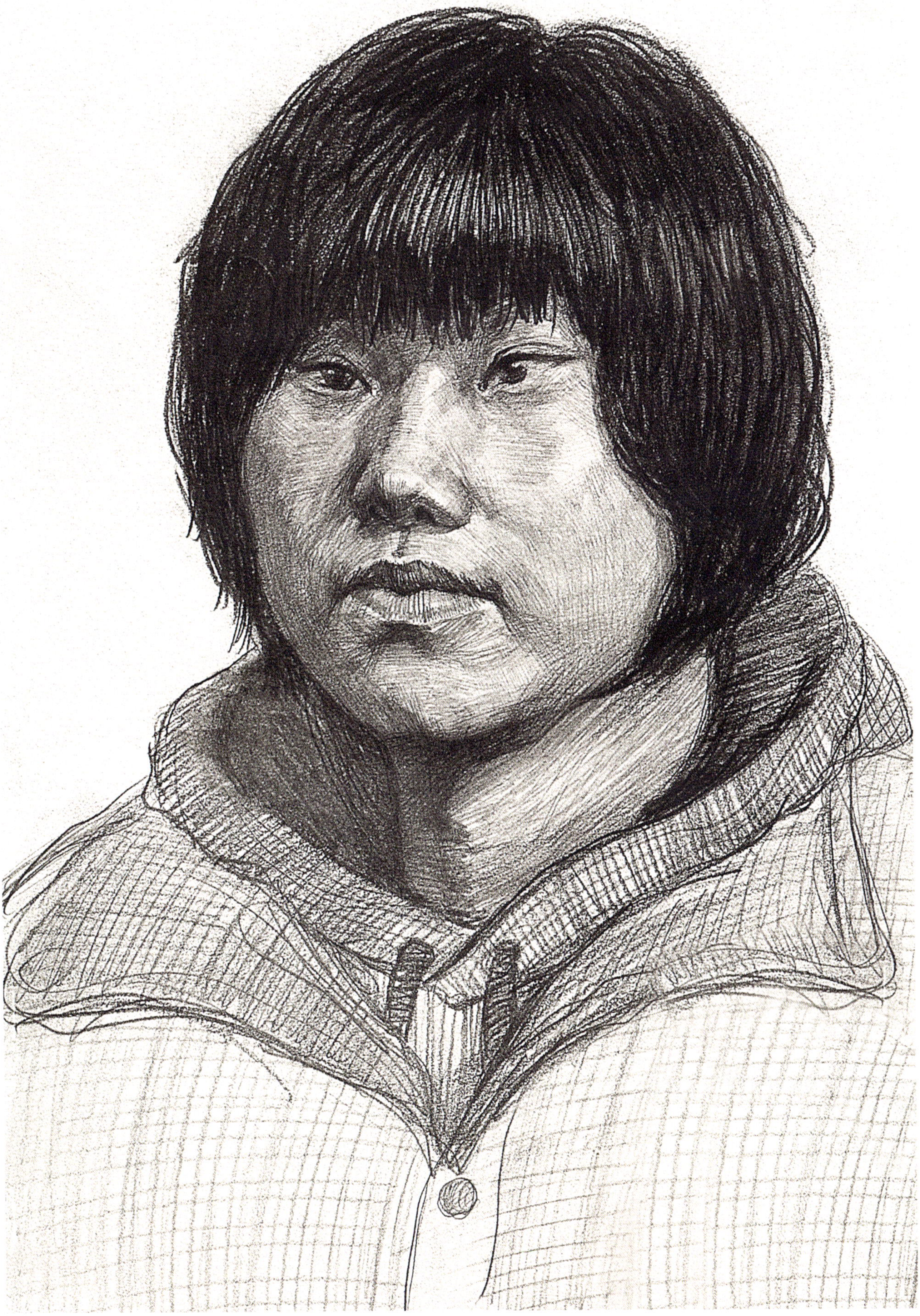

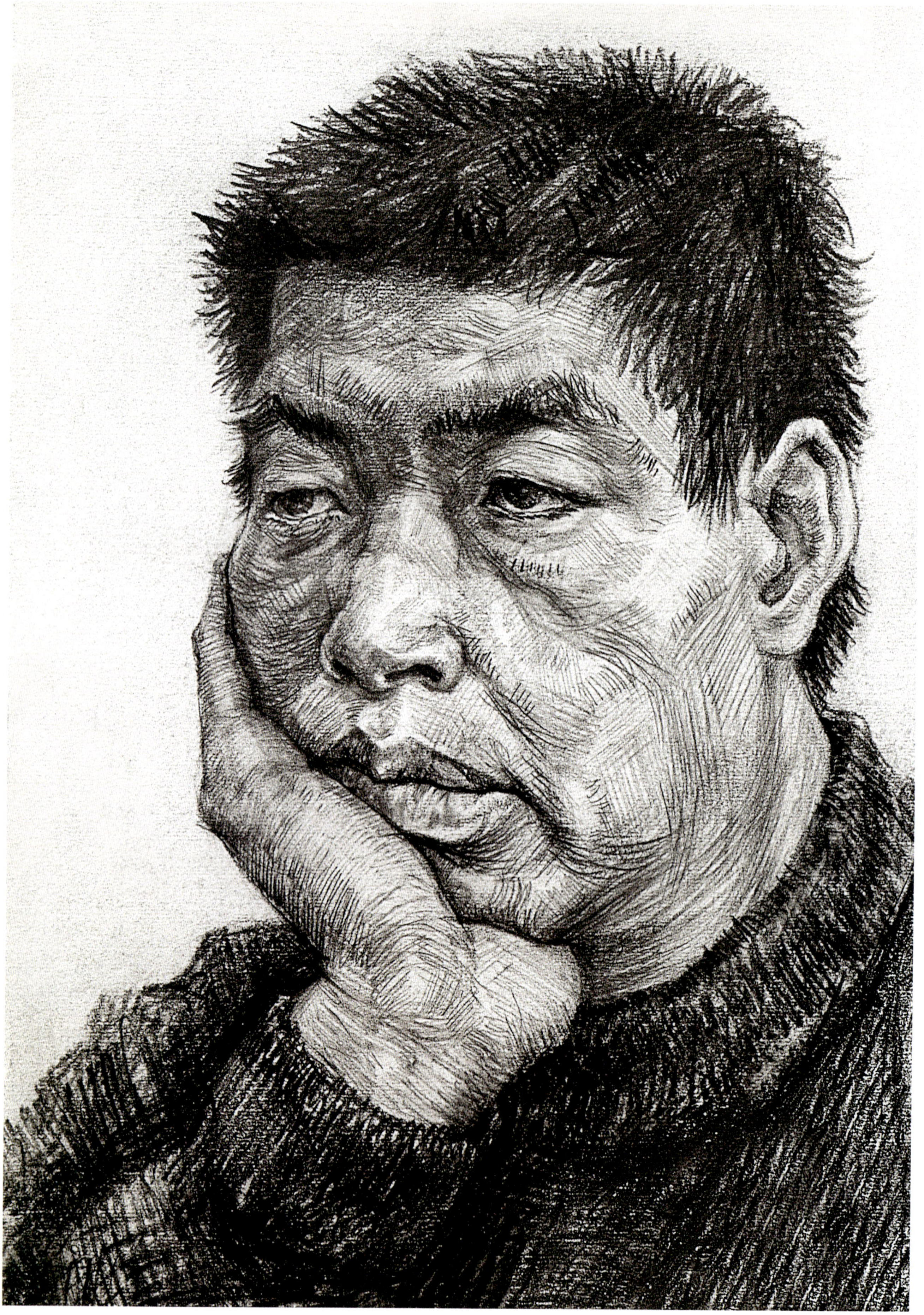

1*带手的头像试卷较难，主要考虑头与手的关系，如形之间、线条与明暗之间及前后空间的变化，特别是手、头之间的主次关系，再有就是手本身的结构、形态特征，以及手腕部形体组合、关节变化，这些内容是考生的难点。既要把手很充分地表现出来又不能喧宾夺主，试卷的重点当然还是头像。这幅试卷很好地把控了这种关系。五官刻画得很生动，通过对内在结构的理解很好地表现出形体的起伏变化。

2*这是一幅较为生动的试卷，头、手、肩、颈之间的关系比较舒服，人物的形象特征也刻画得很到位。这个考生感觉比较敏锐，能准确而深入地观察到模特的个性形态变化，通过理解利用线条与明暗调子的结合把他表现出来，特别是五官、手的形画得非常准，用笔明确。

3*这幅试卷画得非常有激情，形象特征及结构转折画得都比较果断，用笔也有力度，手与头的关系比较协调，但额头画得略显深入不够，鼻子还可以再进一步刻画，塑造得结实一些会更好。

4*这幅试卷画得比较概括，考生很会利用线来表现轮廓形。头部的透视变化比较大，呈略微的俯视效果。手的大体结构和体面关系画得还可以。头发画得有些平板缺乏体面变化。额头的体块感很强，但缺少细节，有些空洞。五官刻画得较为生动自然，特别是手与脸之间交接关系形成的明暗起伏的变化为画面增色不少。

5*这是一幅写实性非常强的素描试卷，整个画面效果比较完整，通过调子、光影、明暗表现头像的形体关系及形象特征，空间效果较为强烈，显现出栩栩如生的雕塑感。眼睛画得很有神采，五官的三角地带刻画得也较为深入有层次感，头发可能是使用了炭铅笔，与脸部关系有些脱节。

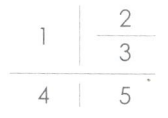

1	2
	3
4	5

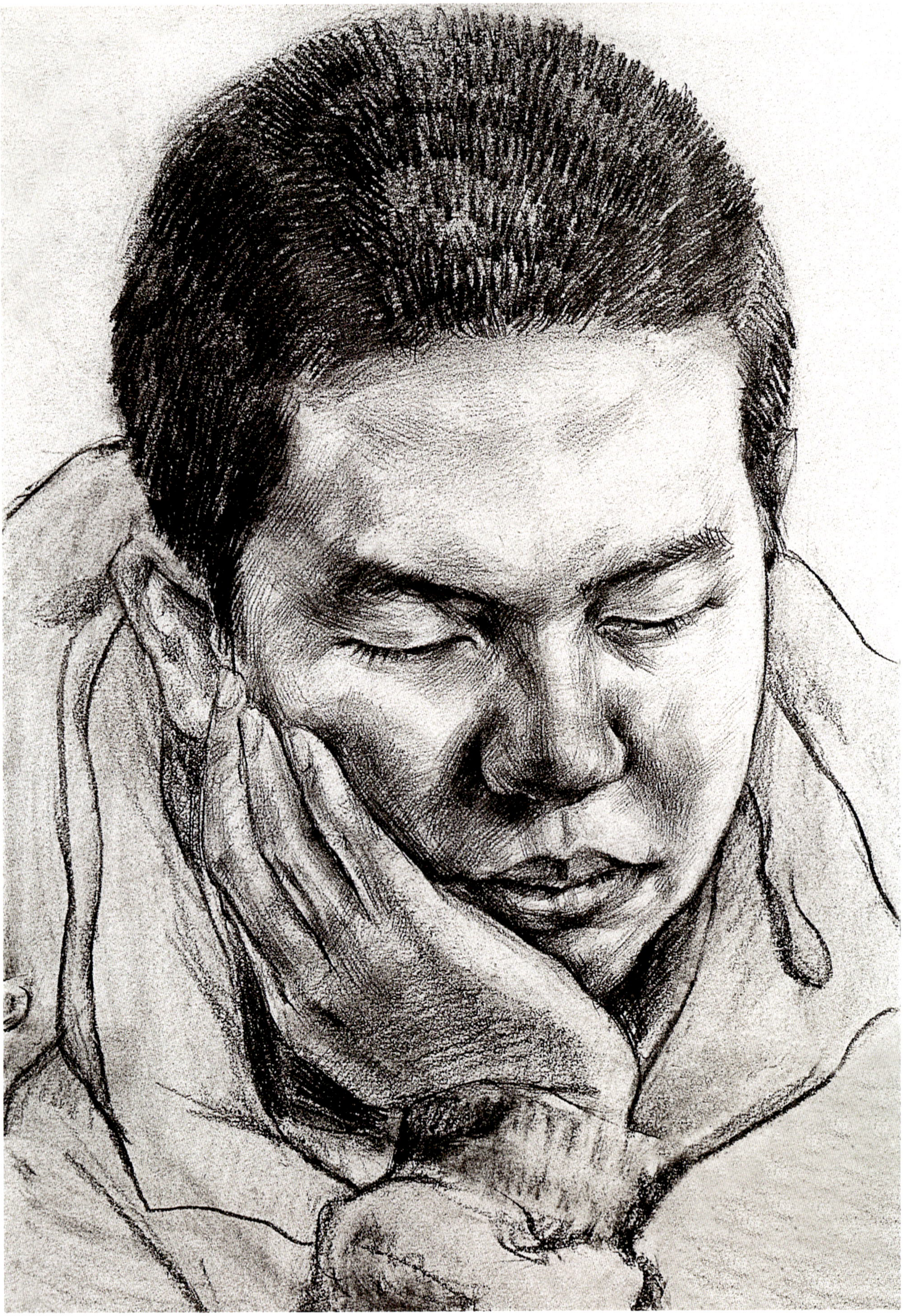

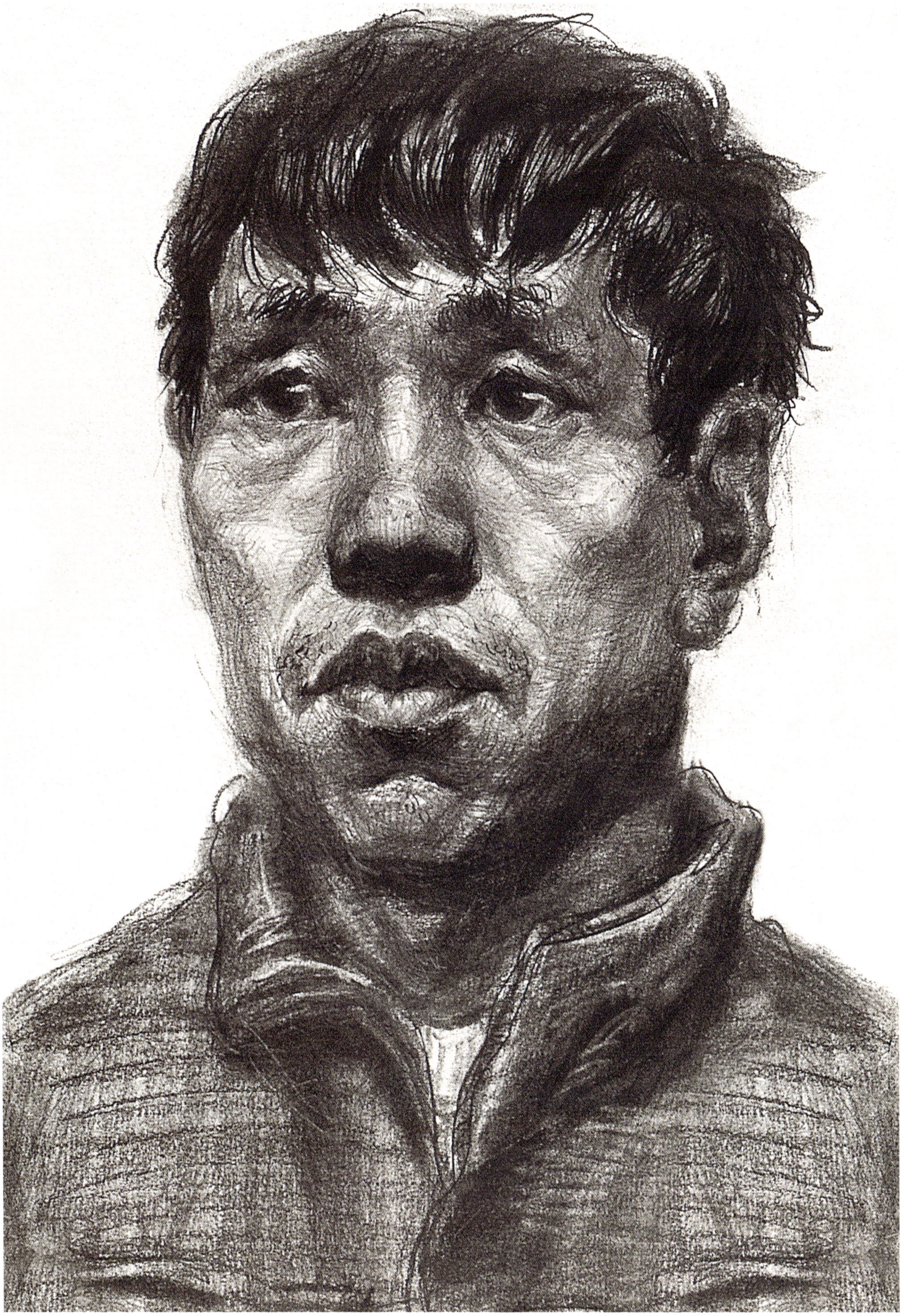

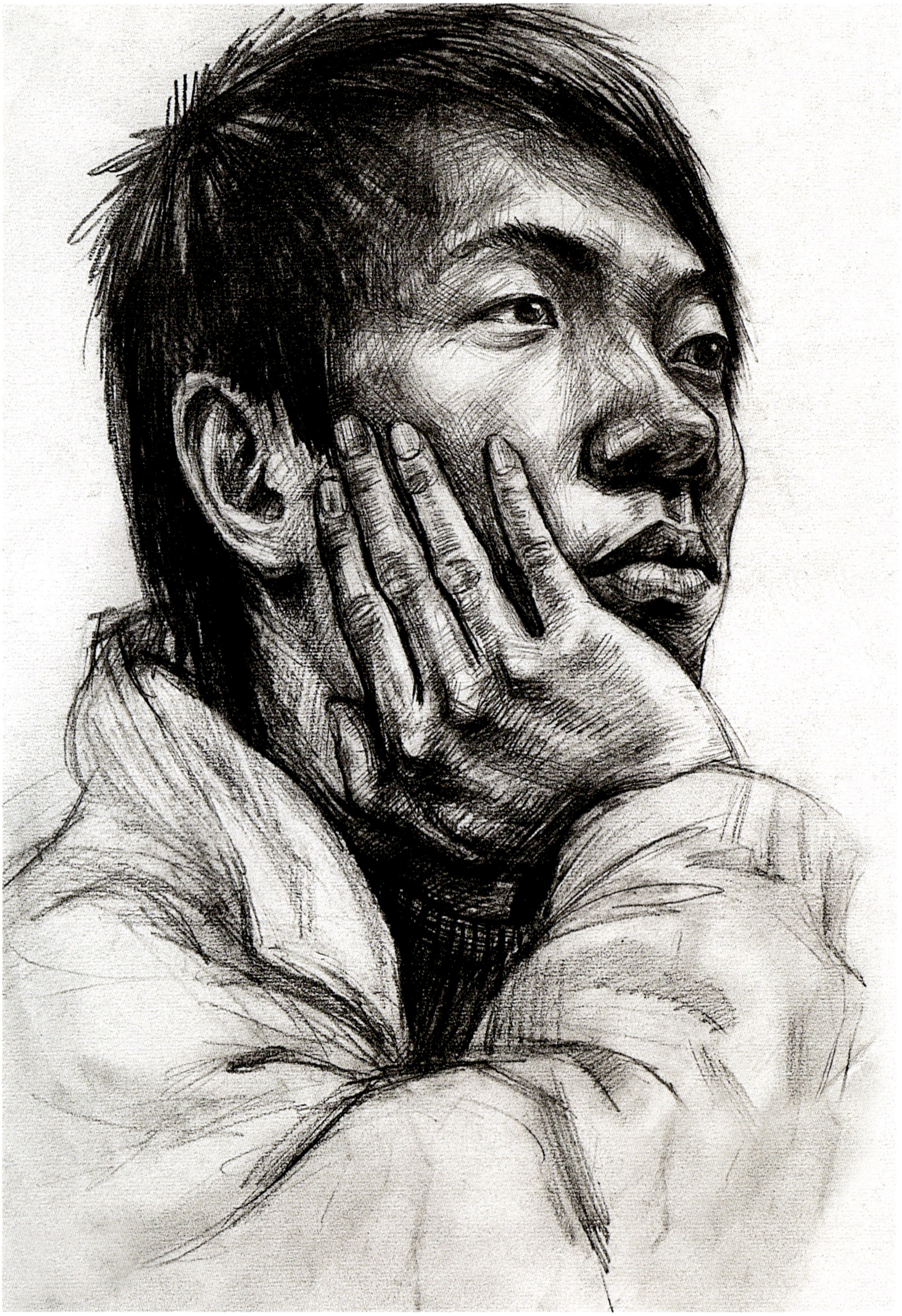

1*画面布局还可以，手与头的组合形成的变化也很好地表现出来，手的结构画得比较舒服，特别是手的关节变化有起有伏，考生用了很有力度的线条进行了强调。脸部的刻画还比较协调，但两只眼睛之间的比例、形状、大小有些不对称，鼻子线条画得有些概念化，而且与嘴的透视关系欠妥。

2*整个画面效果非常结实，体面感很强，较为厚重，手与头的动态也很舒服，轮廓形的转折画得比较硬，应方圆结合。头发的处理如边缘线和发际线的轮廓有虚有实较为轻松，五官作为画面中心刻画得比较深入、层次丰富，但鼻骨的体面略显生硬刻板。

3*正侧面的素描头像应该说比较难画，重点是塑造在空间里的形体与结构关系，这幅试卷画得非常肯定明确，结构与体面表现得比较主动大胆，头的上半部包括额头、顶骨、枕骨形成的体面组合较为整体，五官刻画得比较强烈，并通过鲜明的结构线把轮廓勾勒出来，但颧骨处及咬肌、嘴部肌肉的体面过渡还略显生硬。

4*构图较完整，大的动态较好，比例关系基本正确，整体的黑白灰关系不错，技法表现较熟练。但手的结构准确度不足，五官的结构还需深入刻画，细部的黑白灰在深入刻画的基础上将更加完整。

5*画面的整体感比较好，对结构的了解有一定的深度，比例关系准确，在手的理解和刻画上比较到位，五官的大结构抓得比较紧，小的结构的理解也比较到位。黑白灰大调子明确，整体画面的刻画较为生动。在亮部的刻画上再整体一些将有更好的效果。

1	2
	3
4	5

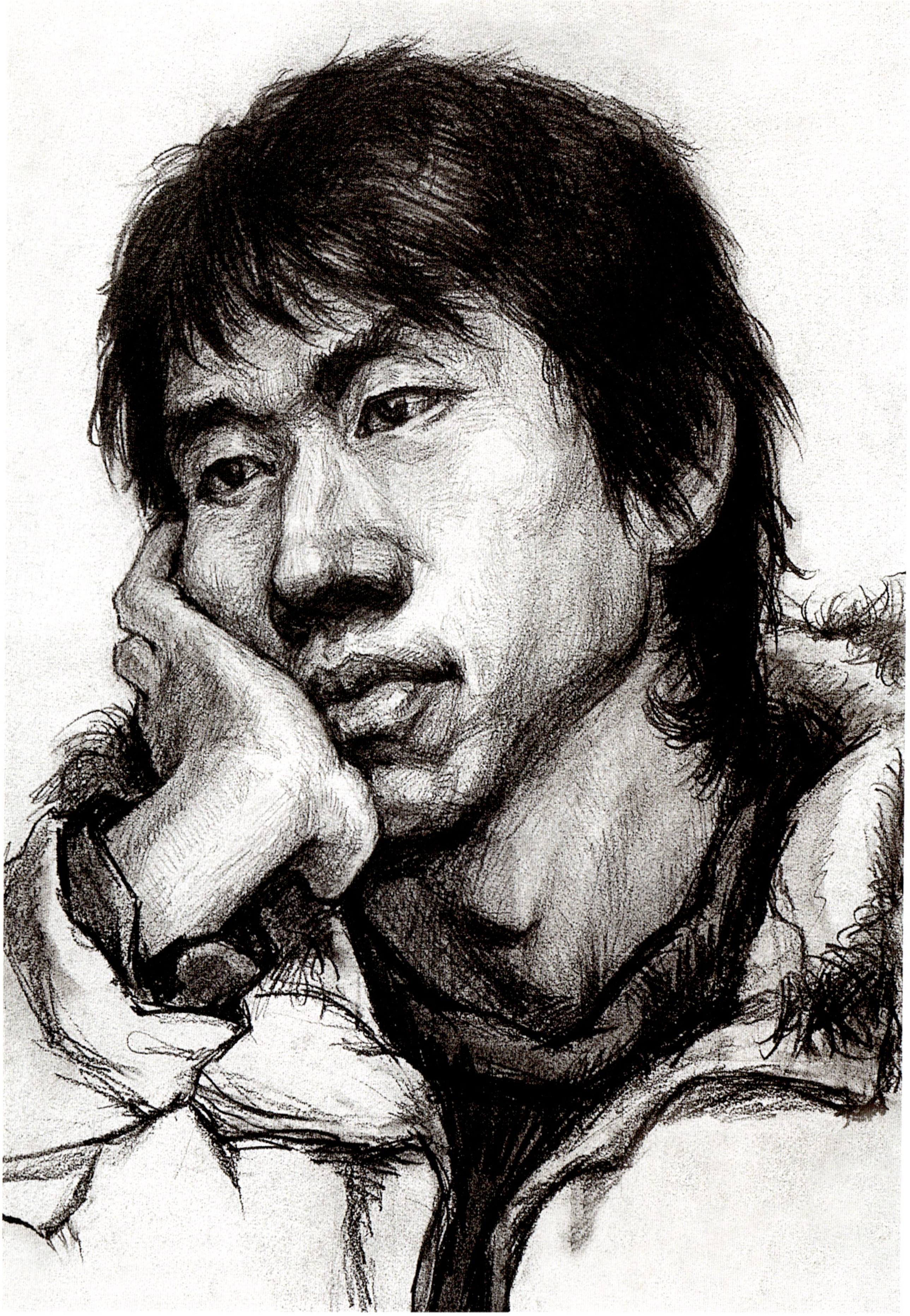

优秀试卷　　艺术设计 工业设计 动画
Super Papers: Design, Industrial Design & Cartoon

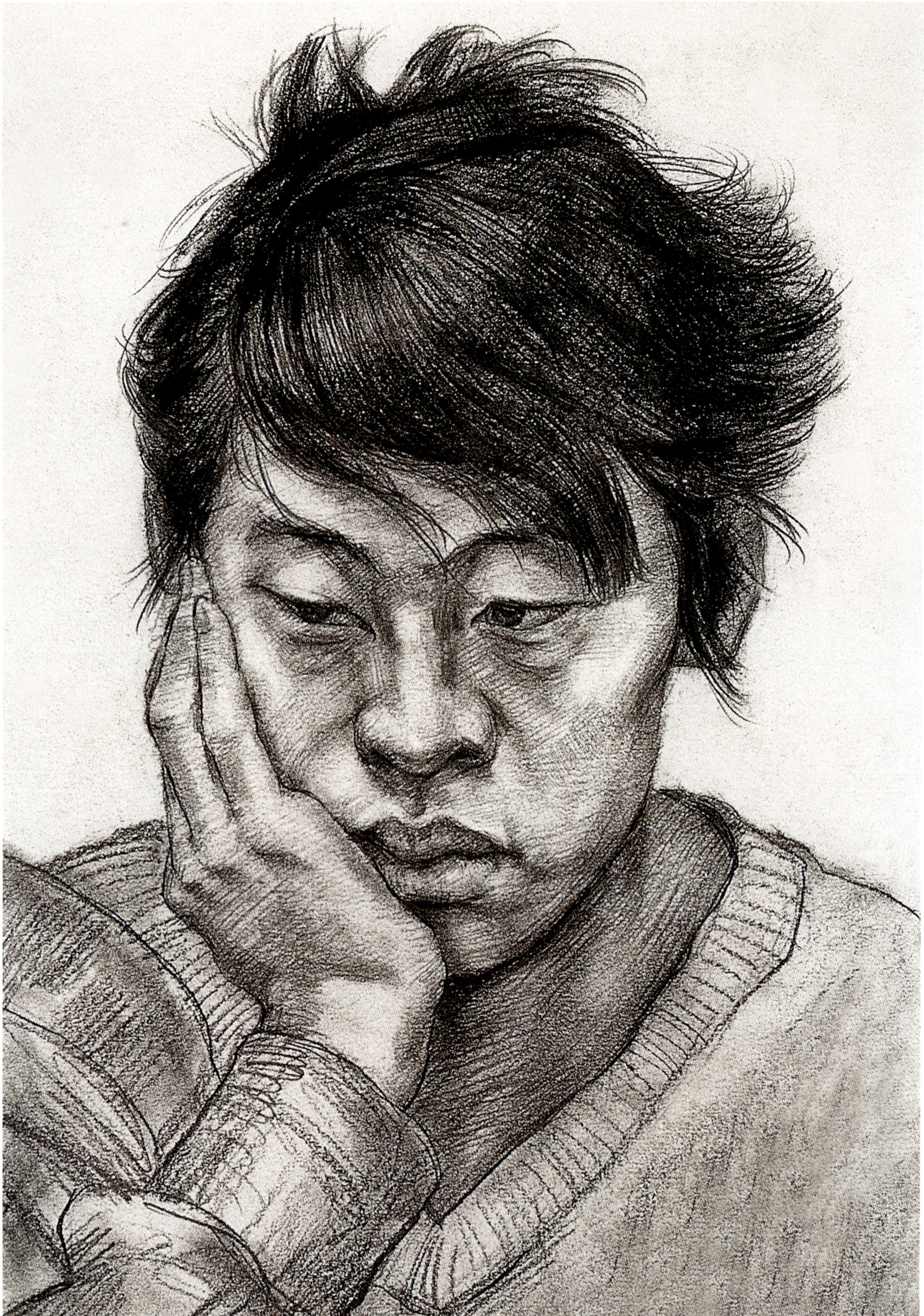

1*画面构图完整生动，结构抓得非常紧，但又不刻板，大的黑白灰关系明确，画面的处理上局部的地方非常微妙，用线面结合的方法，画得非常放松自由，达到了形紧笔松的自然效果。面部的处理还不够整体，有些花，如有时间可以继续刻画。

2*作品形体感较强，整体刻画结实，黑白灰对比得当。手的表现不够深入，头发的处理不好，影响了整体空间的表达。

3*画面块面丰富，黑白灰处理响亮而不失细节的表现。手的表现不够，显得薄气，缺乏体积感。

4*该考生造型基本功扎实，对结构的表现也很到位，黑白灰处理整体对比效果强烈。面部处理也较深入，美中不足是嘴的处理略显夸张，超过对鼻子的表现。

5*构图在视觉上比较舒服，比例关系准确，透视关系处理得非常好，整体性强。对结构的理解到位，面部大的结构点刻画准确，小的透视转折处理较好，较为生动。素描关系处理的整体、局部细致生动。但整体的亮部处理手法有些单一，略为平均，再画得放松些，画面效果会更好。

1	2
	3
4	5

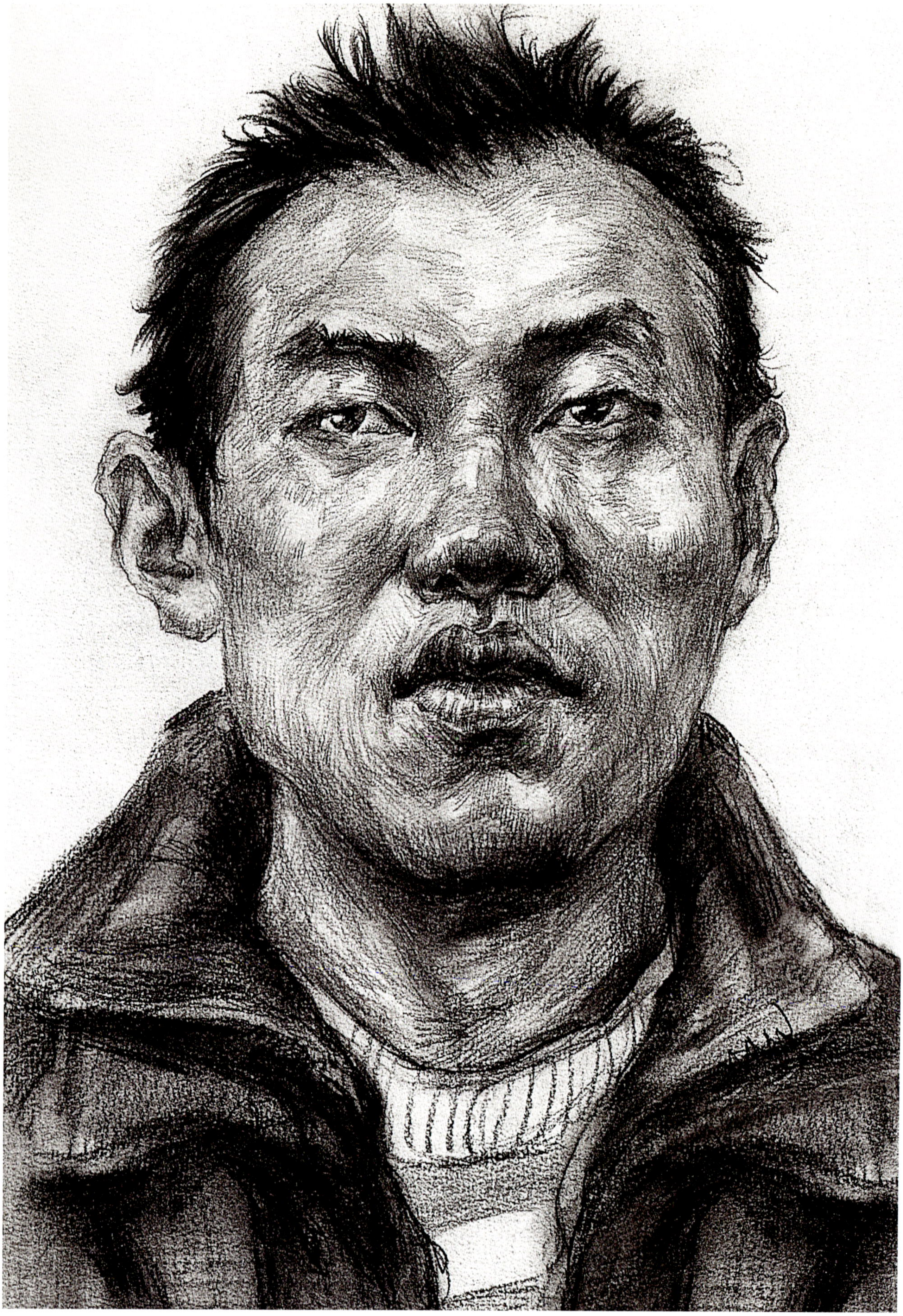

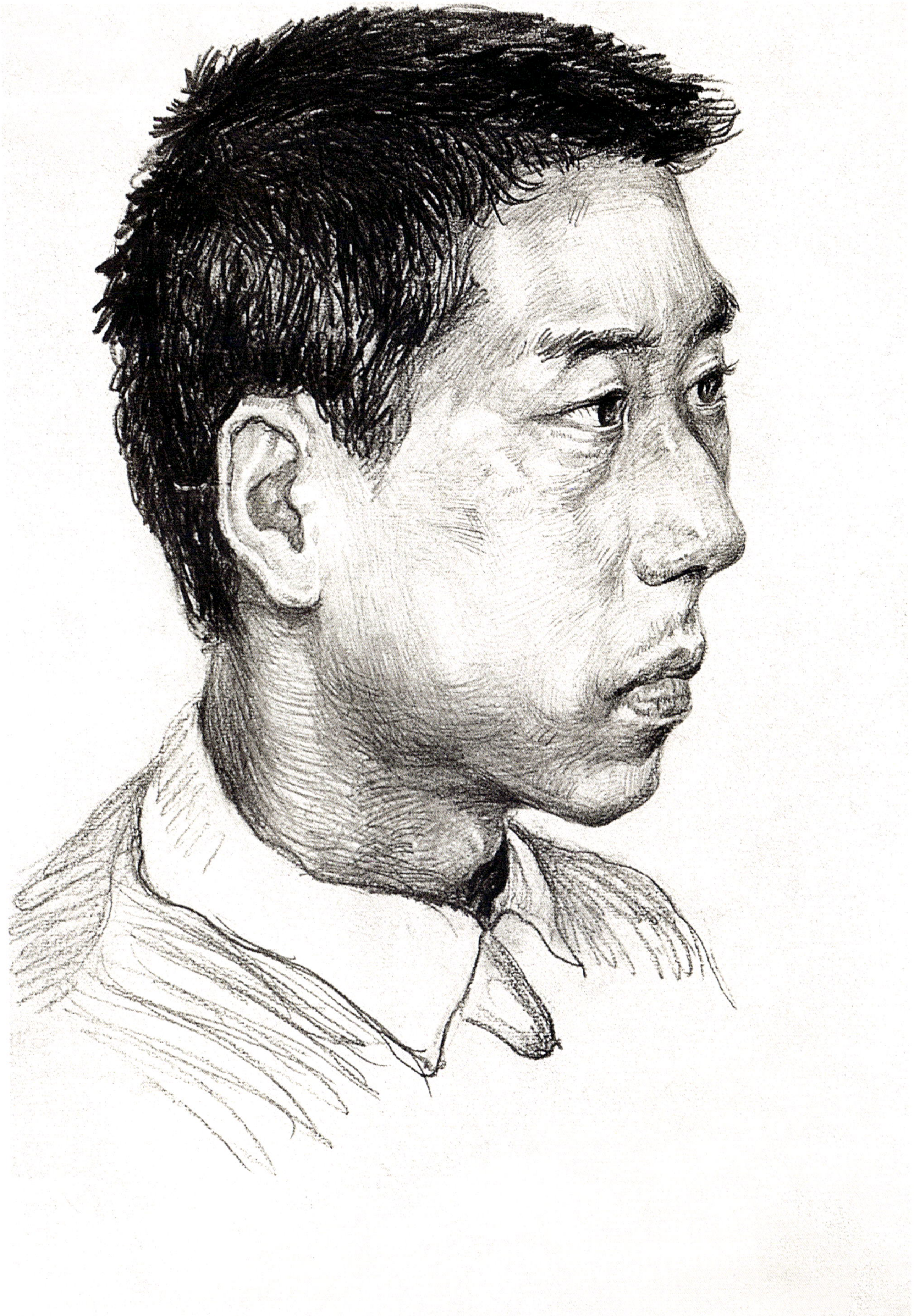

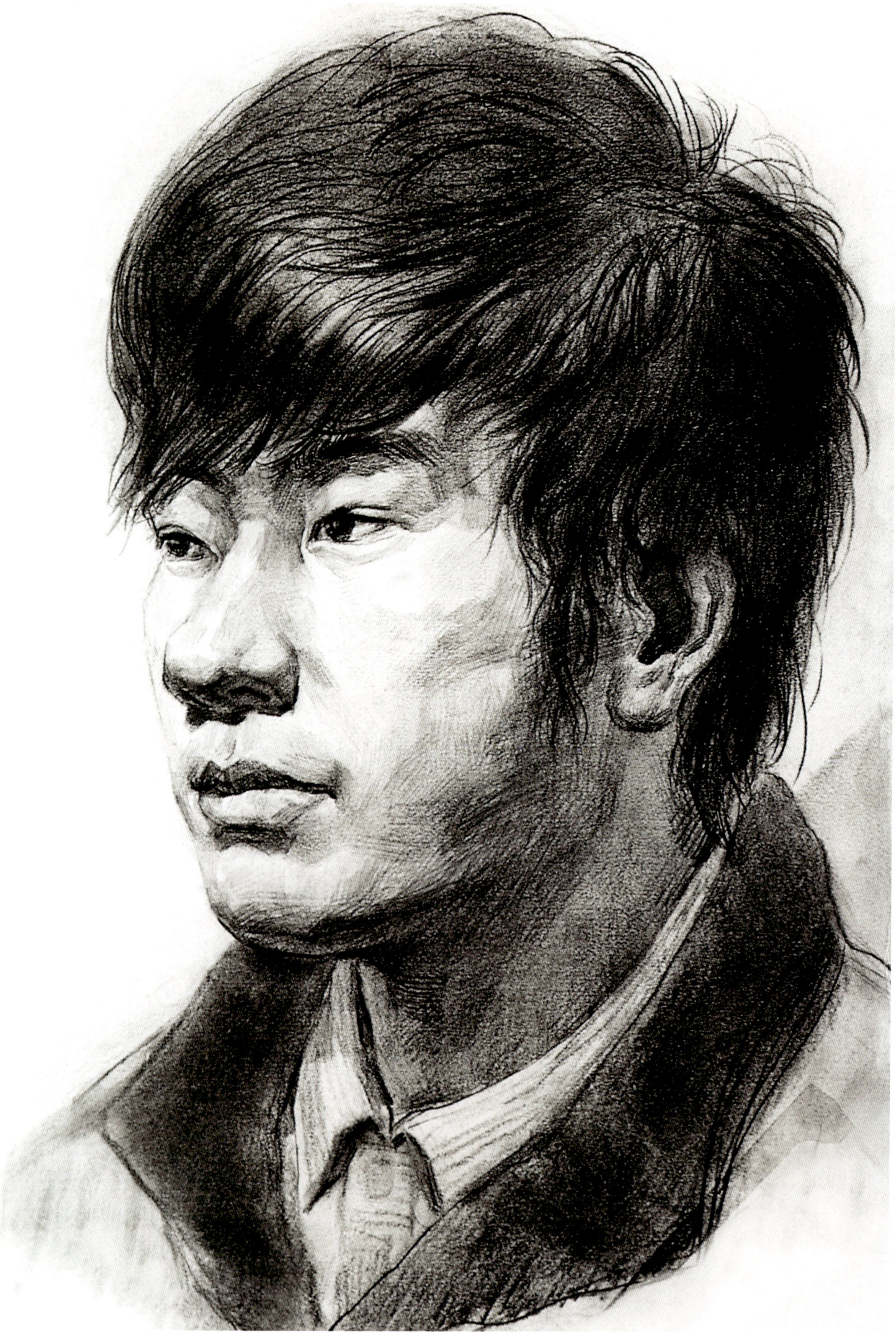

1*黑白灰关系响亮，整体关系准确，脸部的刻画较为深入，看起来生动自然，而且虚实处理得较好。

2*此作品大关系响亮，画面效果完整，内在精神与细部刻画得较为生动，局部与整体关系处理得当，衣服刻画得生动深入精彩，是一幅较好较完整的作品。

3*此画作者善用擦笔，这使得整体感处理得较好，尤其头发的质感与厚度最为突出，手法轻松，自然生动，整体黑白灰处理较好，冲击力强。

4*作品形体感较强，局部刻画较深入，头部黑白关系准确，但整体的黑白关系不够，如果整幅画的黑白灰关系再加强，效果会更好。

5*整幅作品处理得相对完整，整体感较强，画法轻松自然，但从刻画上来说不够深入，头发刻画得较好，脸部结构有些概念化。五官刻画再细致些会更好。

1	2
	3
4	5

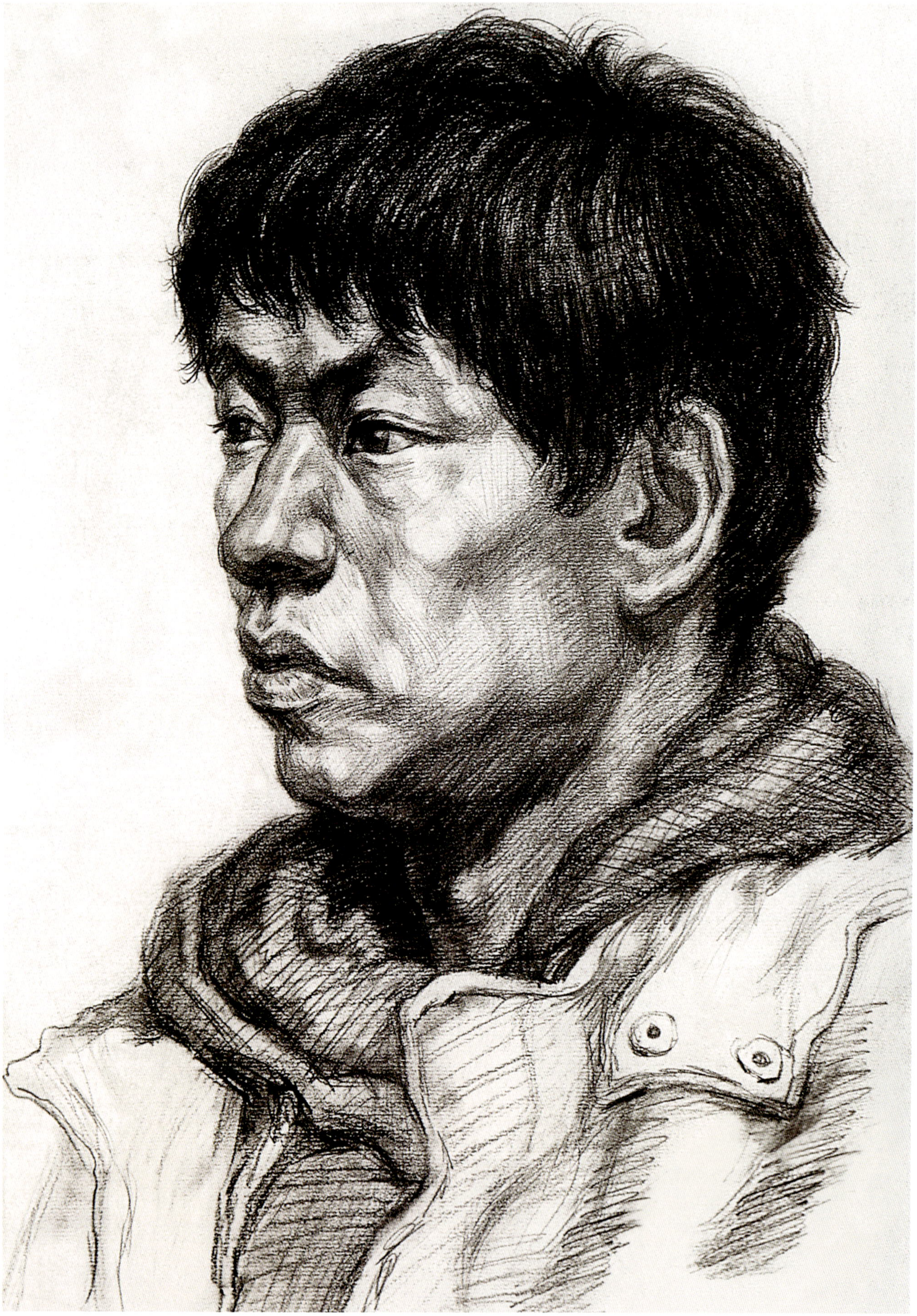

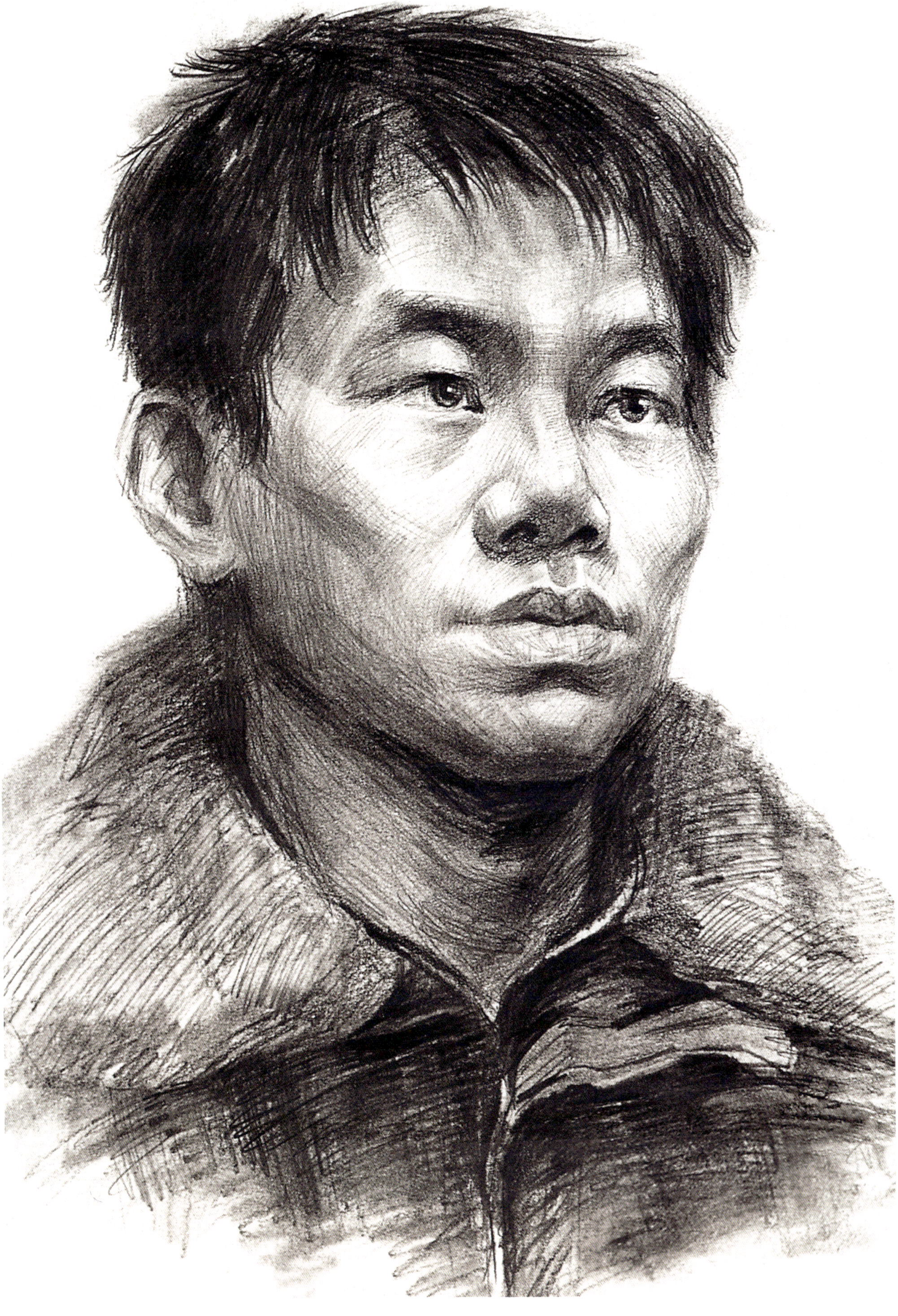

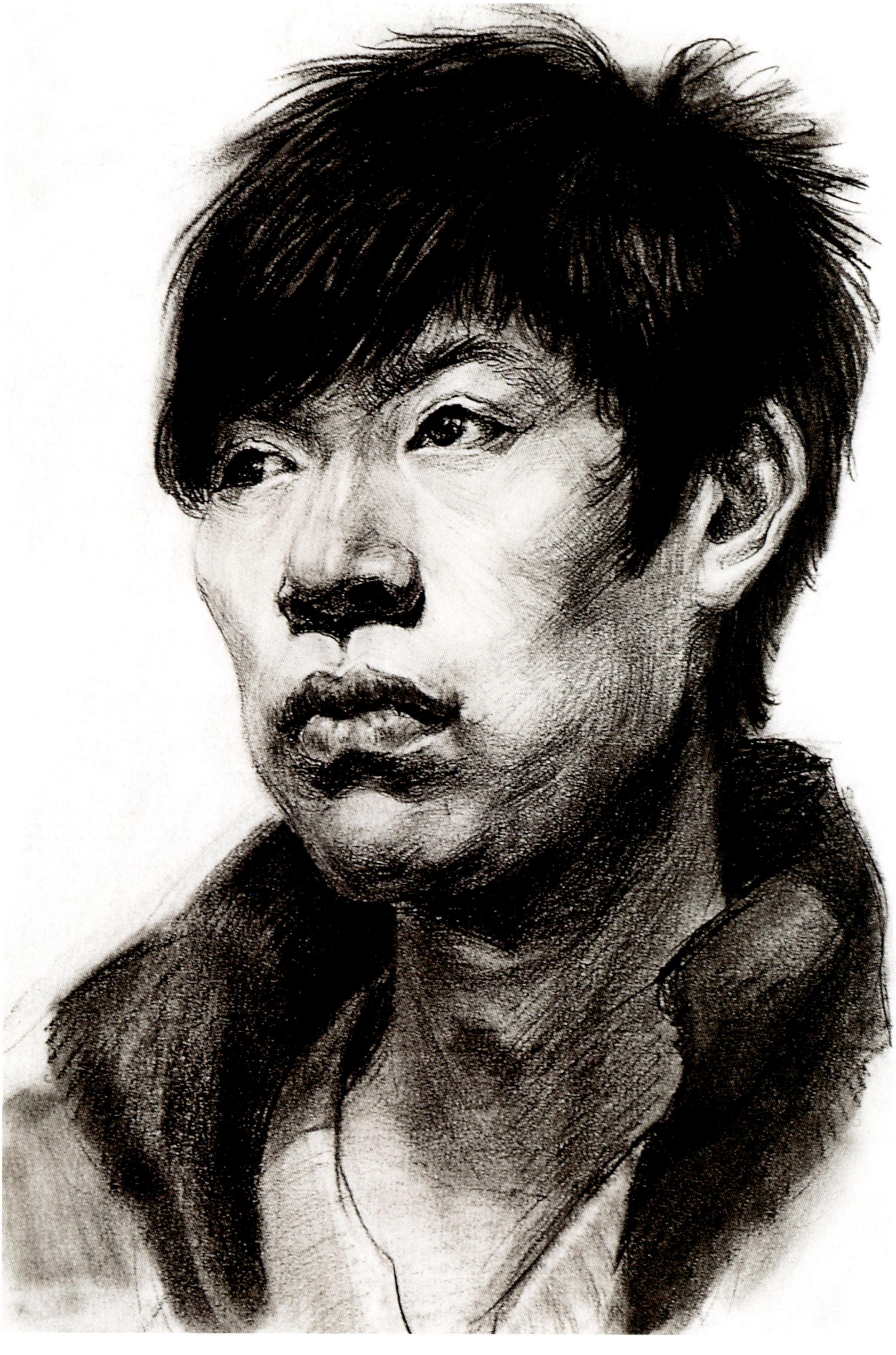

1*此画黑白灰关系响亮准确,头发处理得较为放松生动,形体结构结实准确,刻画较为深入,但是不够细腻,颈部处理概念化。

2*此画刻画深入细致,生动形象,形体完整,五官刻画细腻,尤其嘴部刻画最为生动突出,但是透视不够准确,头发刻画不够。

3*这是一幅侧面构图素描,整体感较好,形体感较强,用笔放松,笔触自然,尤其眼部刻画生动,充分表现了内在的精神状态,但是衣服处理稍显臃肿不到位,如果整体刻画得再细致些会更好。

4*此幅作品整体处理得较好,大关系准确生动,不足之处是画面有些灰暗面刻画不够结实。

5*此幅作品黑白灰关系准确,头发刻画较为生动,眼部刻画深入,但是透视不够准确,画面不够响亮,五官的刻画应该精致一些。

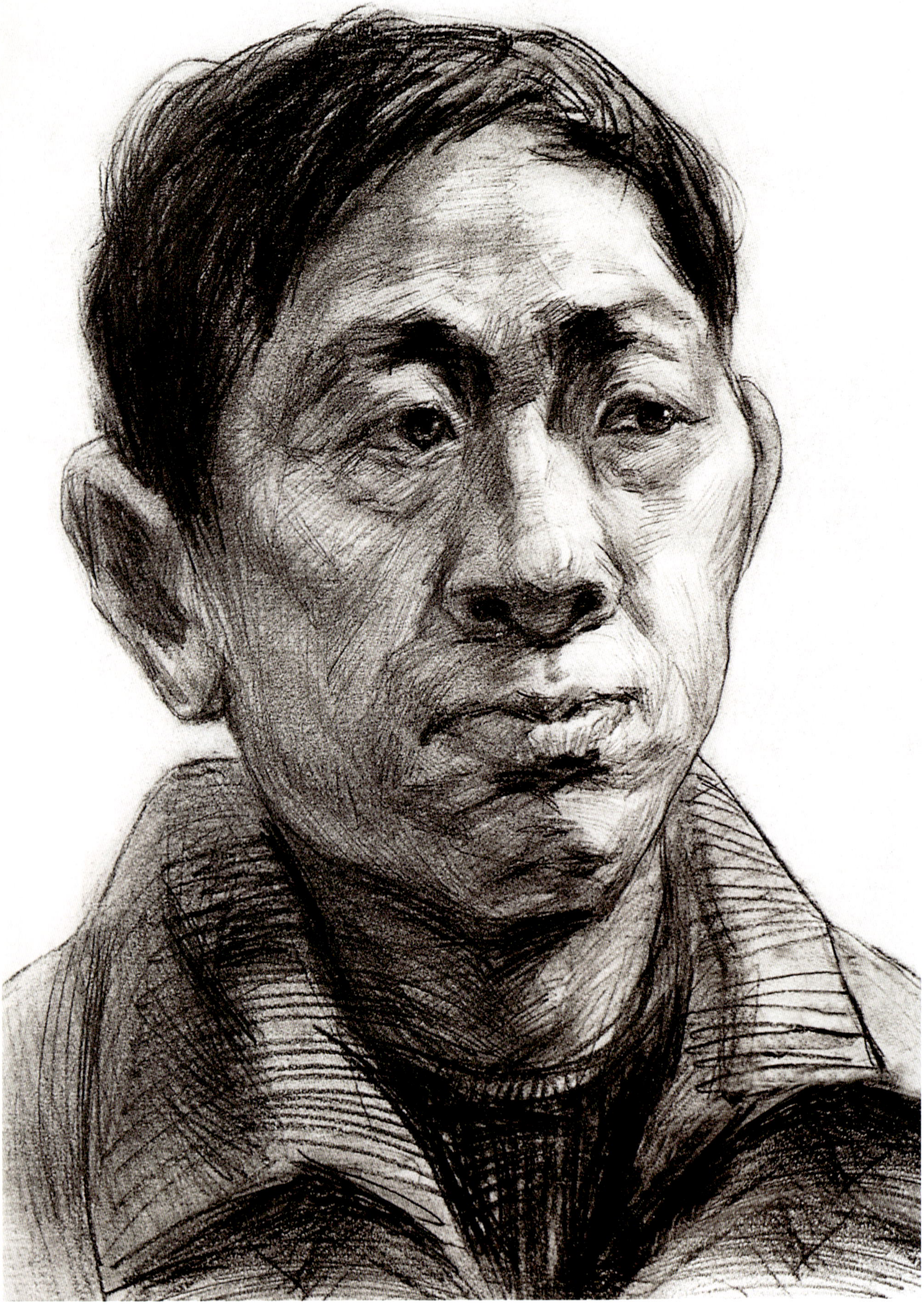

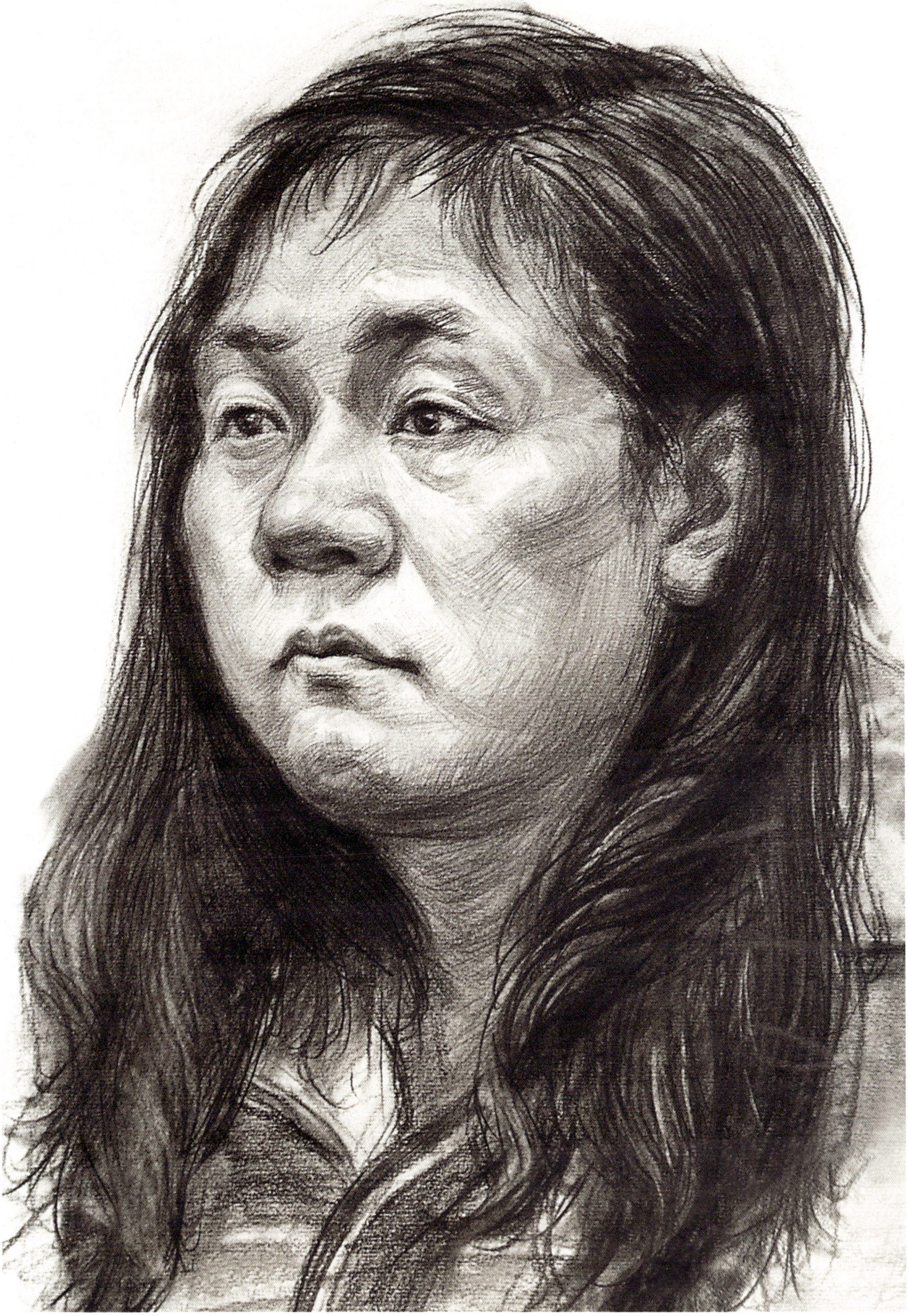

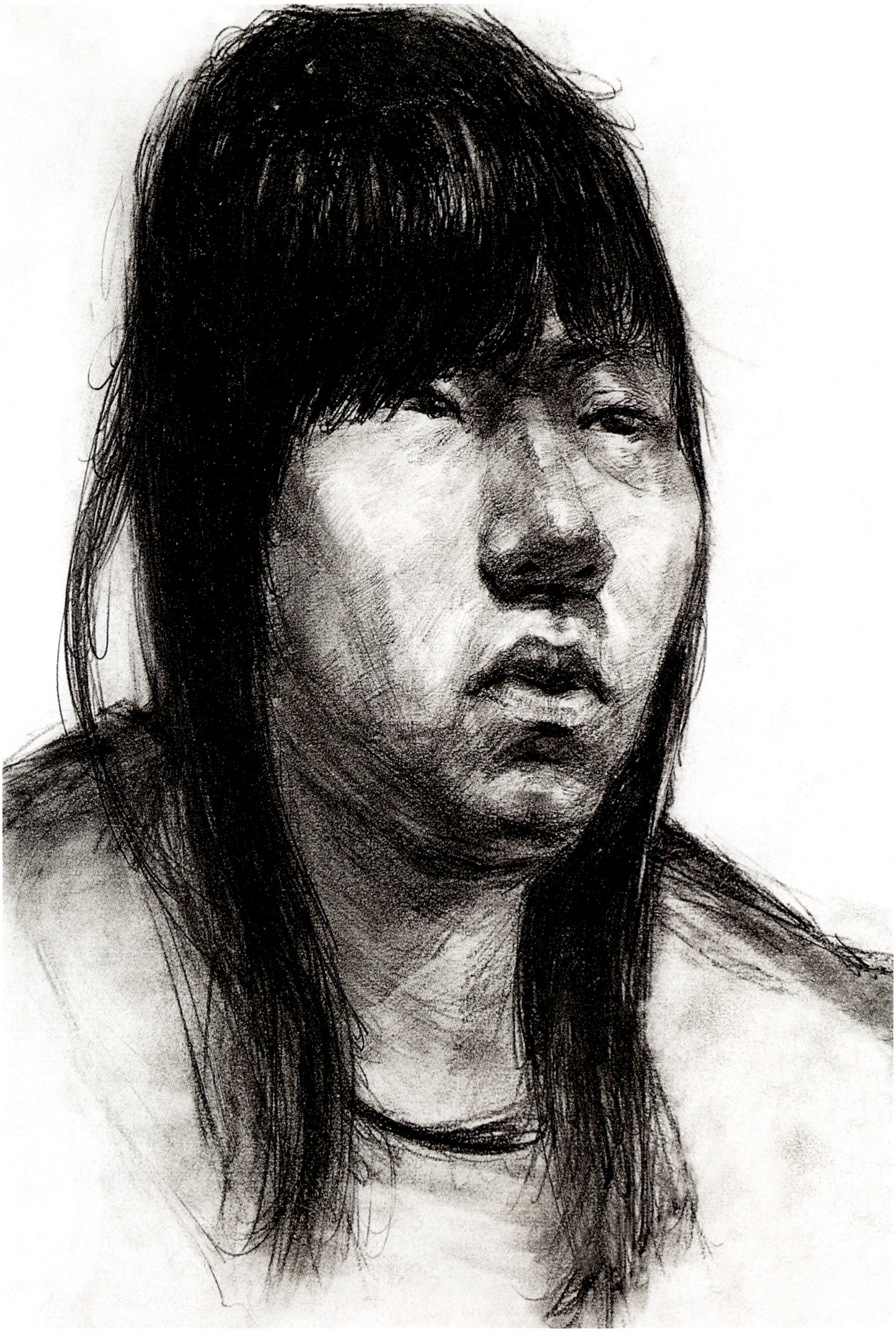

1*此幅作品构图生动，特点鲜明，手法松动自然，具有一定感染力，但是透视不够准确，画面不够细腻。

2*此画整体感较好，画面概括放松，五官刻画较为突出，但是缺少对局部的深入刻画，颈部刻画有些概括。

3*这幅作品画面结实生动，黑白灰关系准确，用笔放松，鼻子刻画较为深入，但是暗部刻画过于简单概念。

4*整幅作品大关系准确响亮，光与结构的结合较好，画面形体感较强，画法生动自然，五官刻画得细致突出，衣服处理得不错。

5*这是一幅较好的中年头像，整体刻画生动自然，用笔放松，视觉冲击力强，质感处理较好，如果结构处理上再准确些会更好。

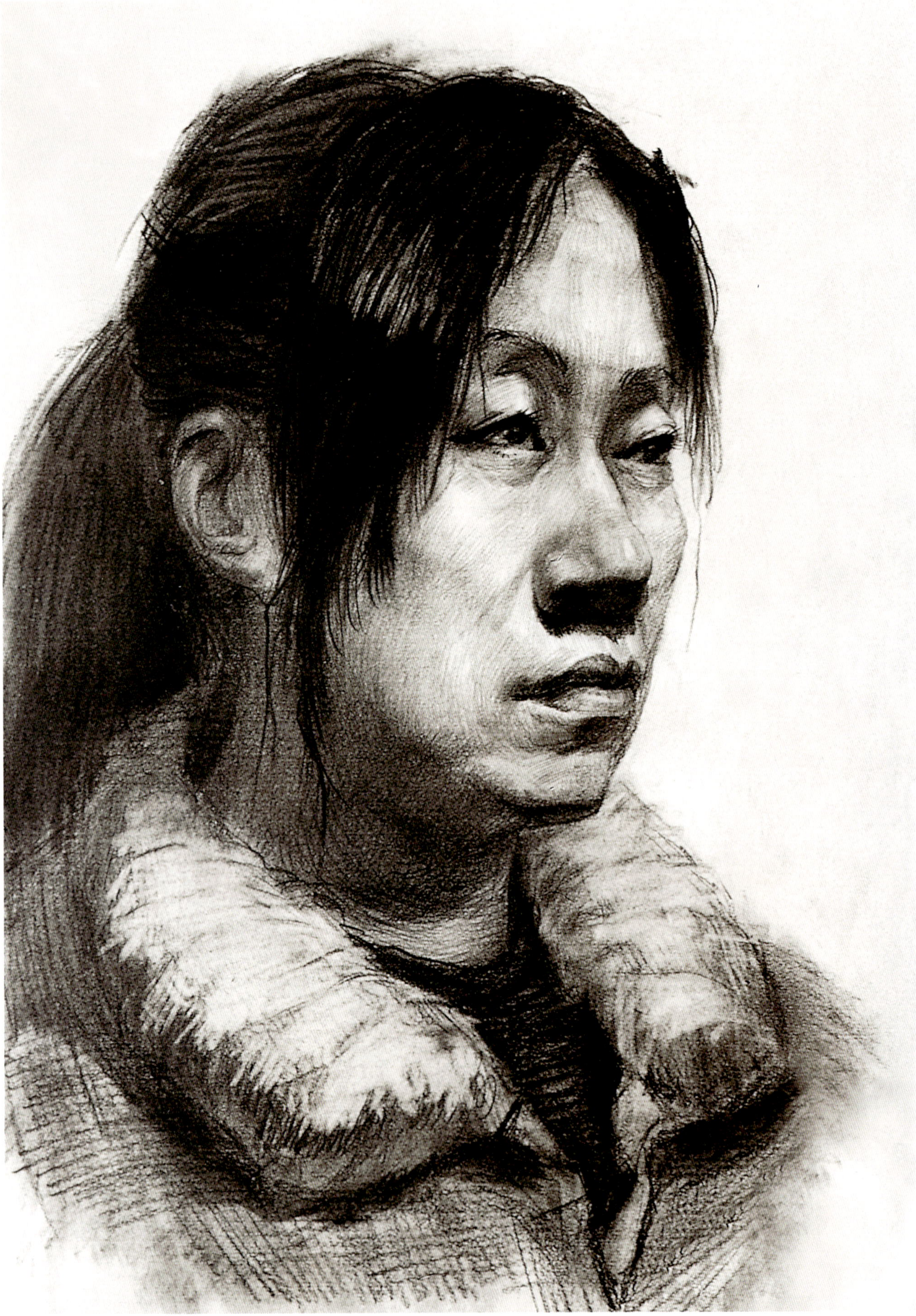

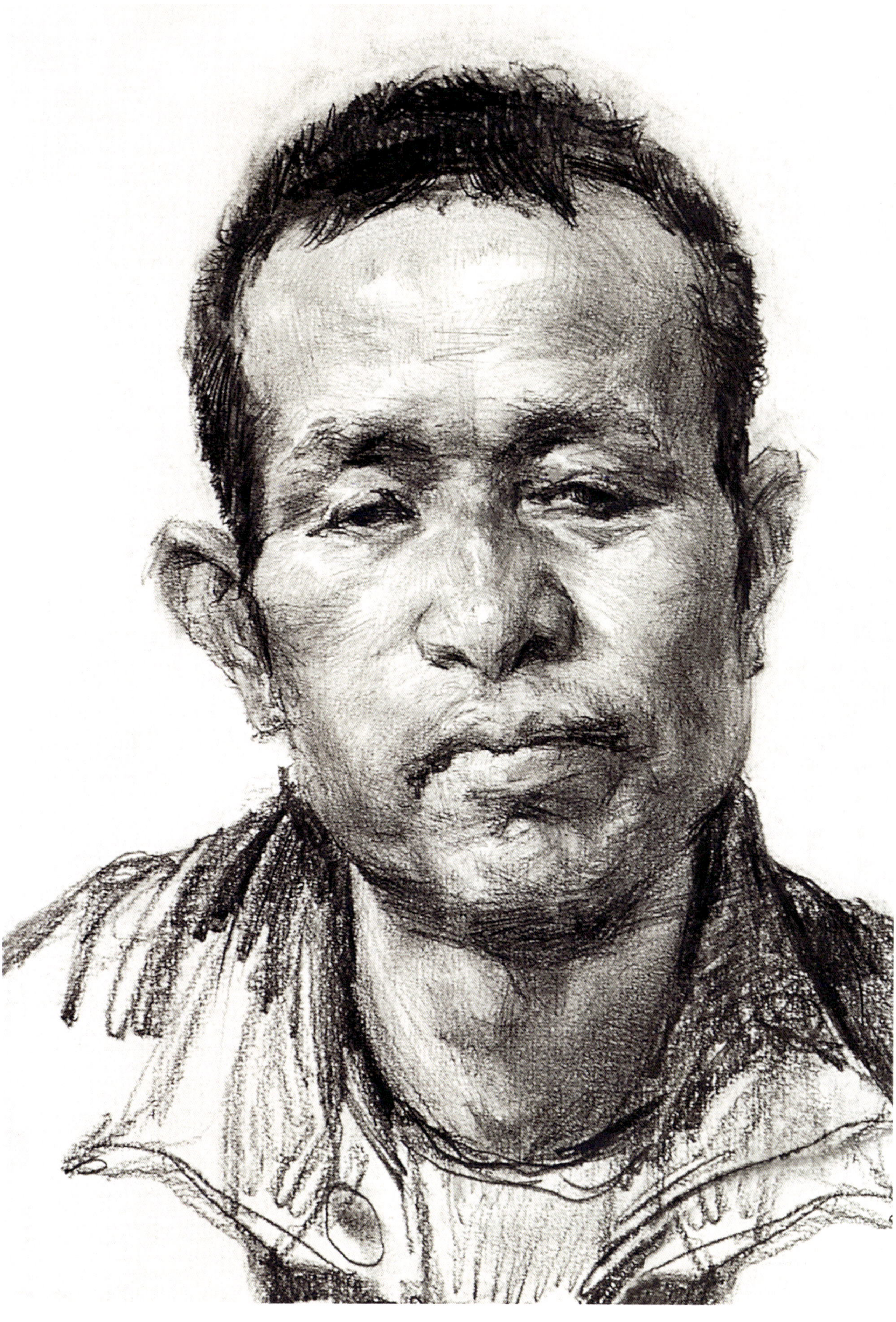

色 彩
Gouache

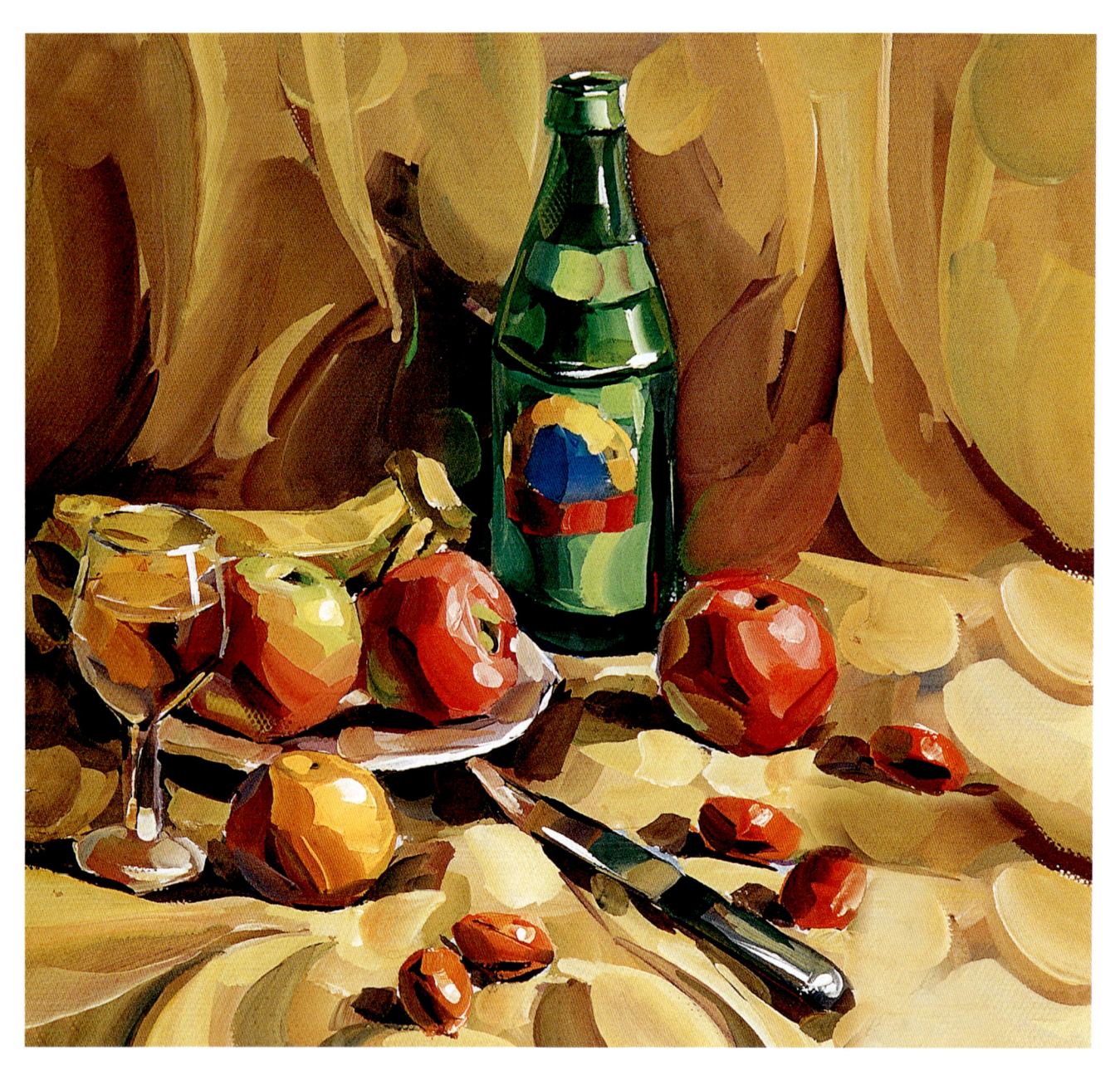

*画面冷暖色彩基调安排协调统一，各部分运用色彩造型能力纯熟，用笔流畅生动，有一定艺术表现力，画面整体上看效果较为响亮。

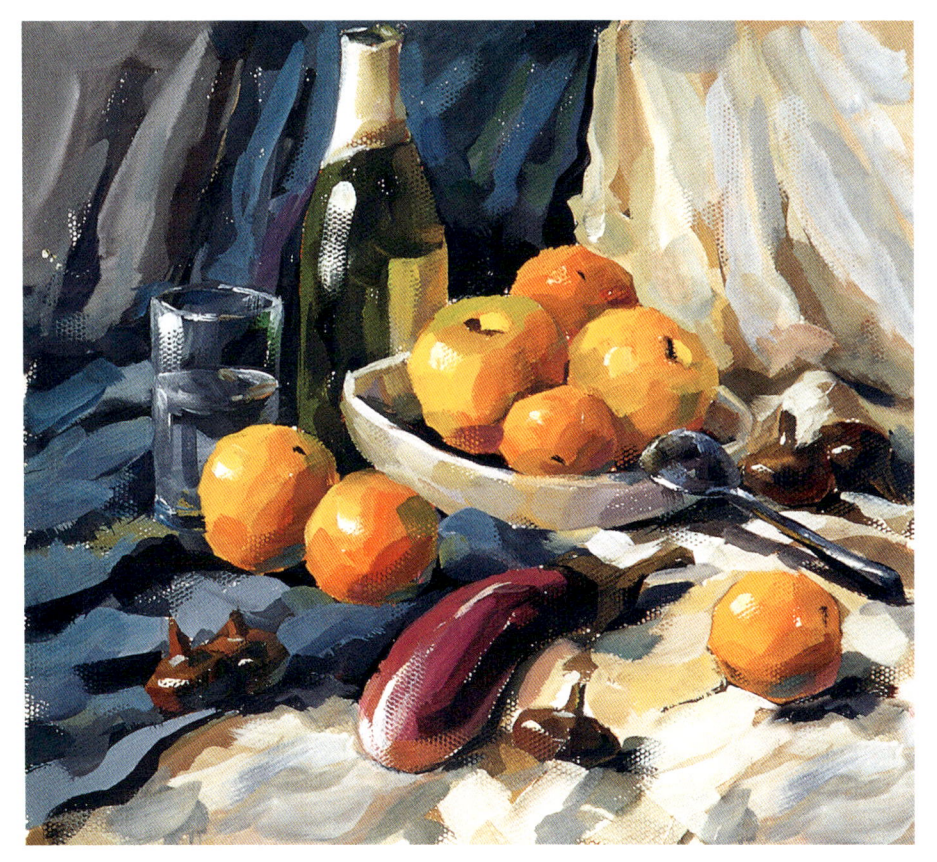

1*画面构图较好，色彩及光影效果突出，显示出该考生运用色彩造型能力较强。从画面效果看，水果的塑造与刻画稍显雷同。

2*画面构图布局较好，运用色彩表现光影的手法较为纯熟，整体色彩关系得当，色彩冷暖配置基本到位。个别部分例如衬布处投影冷暖对比稍显不足。

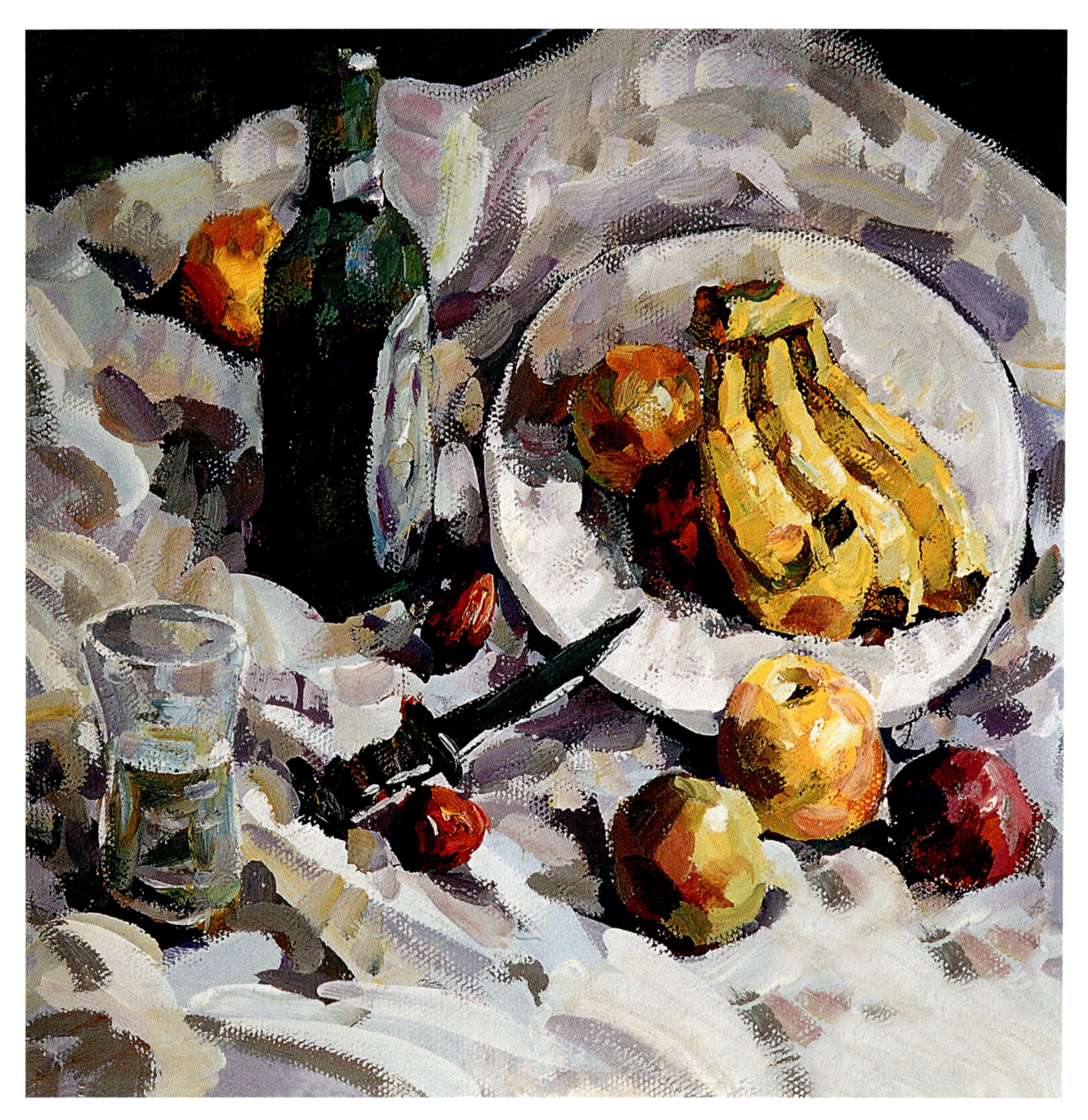

*画面整体色彩基调协调，构图良好，虽然个别物体体积感表现稍显不足，但整体色彩表现流畅，笔触肯定、大气，有一定绘画表现力。

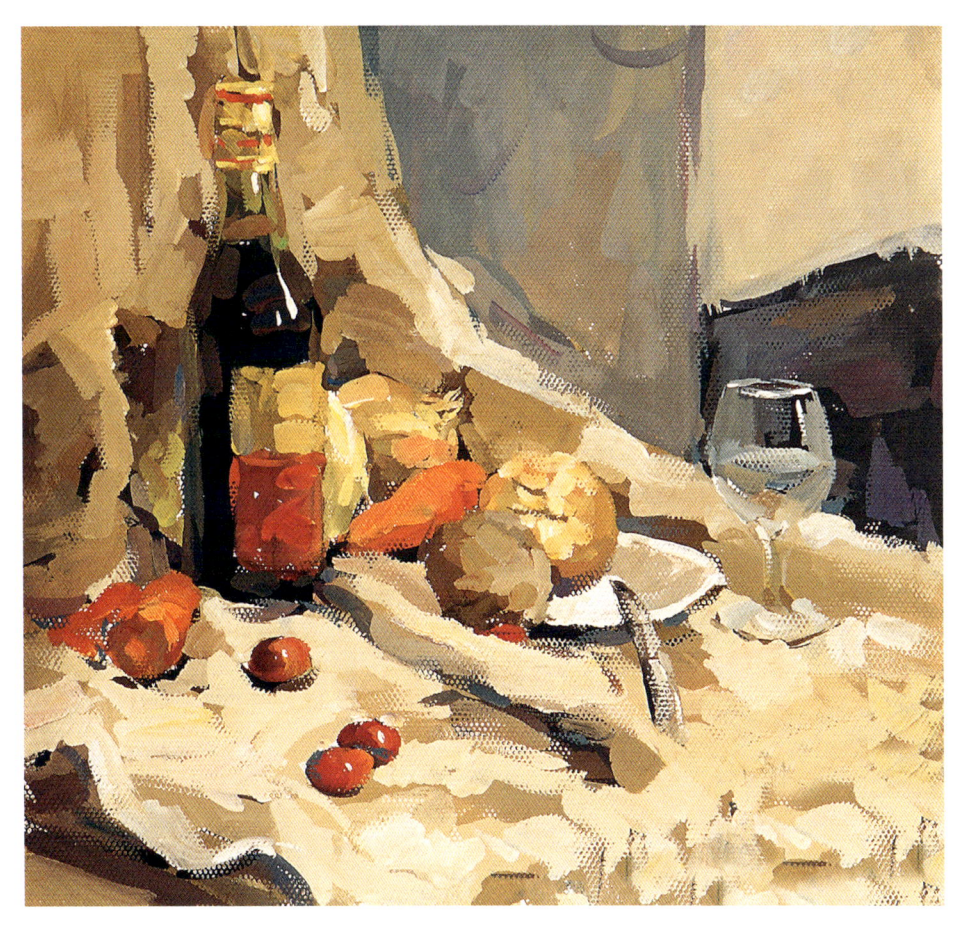

1*构图很和谐，瓶子作为主体物放在合适的位置，且色块很重。通过块面笔触的塑造形体感很强，其他静物也安排得疏密得当、松紧有度。酒杯画得很有质感，衬布作为主体色块是很重要的部分，这个考生很懂色彩关系，立面的色块偏暗，平面的衬布则处理得较亮偏冷，后面背景处灰色块又与衬布形成黑白对比关系。笔触很大胆，具有很强的绘画表现力。

2*整个画面色彩感很强，局部的色彩交织着丰富的冷暖变化，作者充分利用了补色的对比关系，用笔大胆果断，不拖泥带水，用笔去摆颜色使画面显得厚重、响亮。形体的塑造也较为结实，酒瓶子及水果等主体静物都画得比较立体，通过色彩的纯度与明度对比使画面的前后空间感很强。

1
2

*整体上看色彩运用纯度较高，构图较好，用笔纯熟，笔触流畅、肯定，该考生善于运用色彩造成光影感觉及物体质感，有一定表现能力。

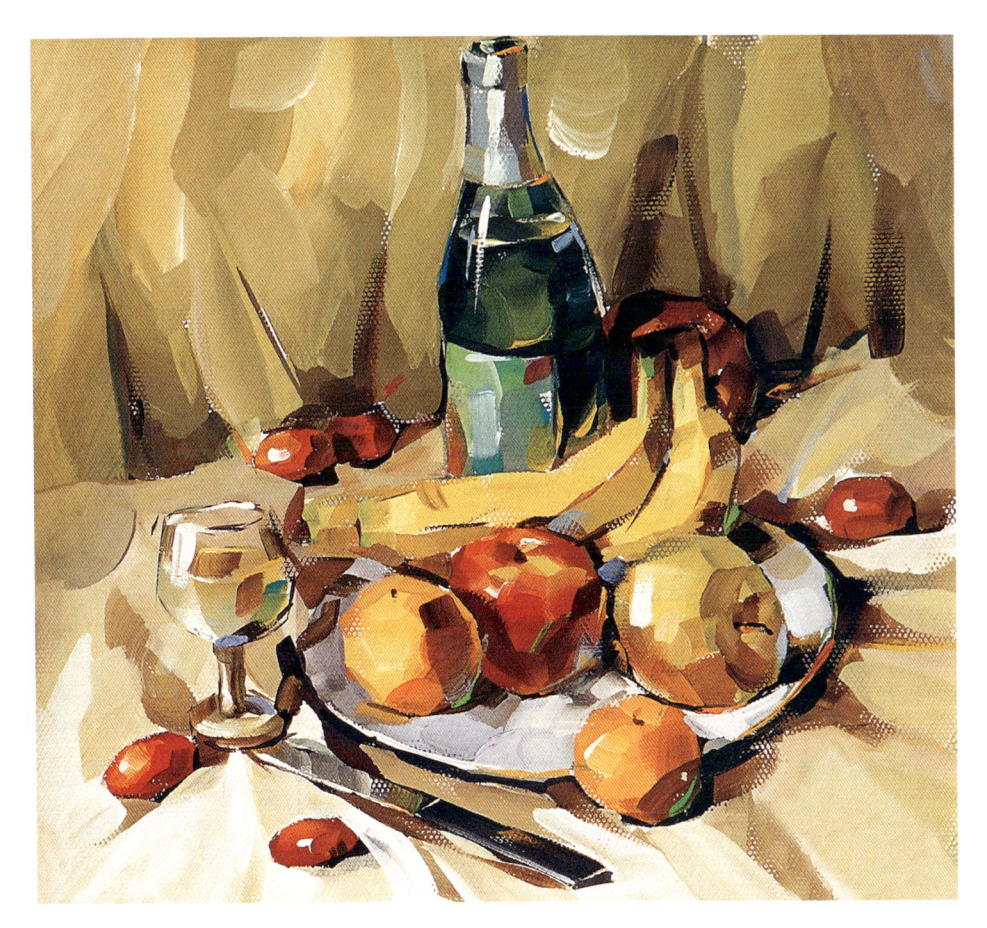

1*画面整体色彩基调较为和谐，色彩表现手法流畅，用笔肯定，有一定色彩表现力，画面冷暖色调安排较好，但个别部分稍显平均。

2*整体色彩基调和谐统一，善于运用色彩及笔触造型，用笔纯熟、生动，特别是运用色彩表现玻璃、金属等物件质感能力较强。

*此考生具备一定的色彩分析能力和对色彩的把握能力。色彩和谐，色调统一。卷面中黑白灰明度关系及构图都是较为理想的，色彩沉稳而不失明亮。但对环境色的表现还稍有欠缺。

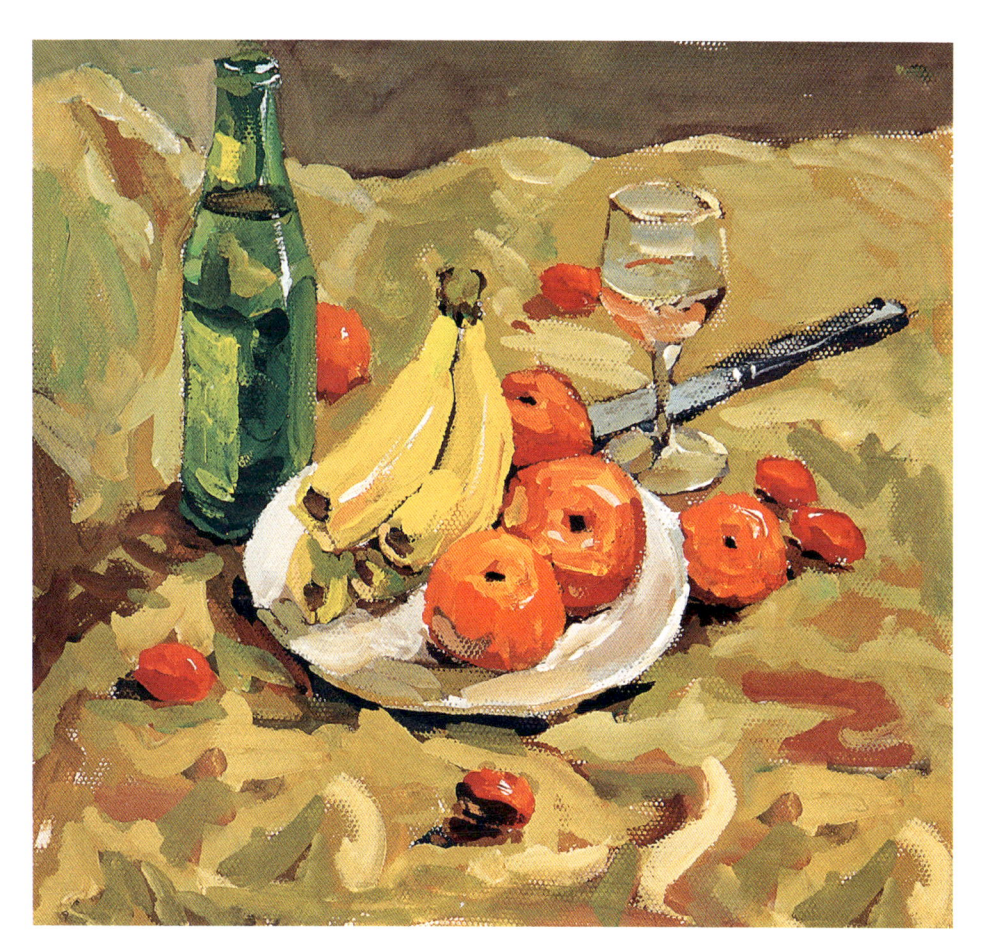

1*布局得当，主体突出，静物的形体都画得很准，塑造得非常严谨，特别是酒瓶子、盘子、香蕉的塑造很有质感，通过环境色的相互渗透和影响使画面色彩丰富，衬布的前后空间效果也体现出来，桔子的色彩过于雷同和概念化，在塑造上也过于简单粗糙，如再有些变化，注重体面关系会更好些。

2*画面响亮，注重了色彩的纯度变化和明暗对比，静物的布局和比例关系较为合理，用色造型使静物的体积与空间关系也都表现出来，立面的背景作者有意识降低纯度与前面衬布形成反差，使画面中心区更为跳动。用笔利索，大胆果断，细节重点处又画得很精彩，特别是刀的刻画成为画龙点睛之笔。

1
2

优秀试卷　艺术设计 工业设计 动画
Super Papers: Design, Industrial Design & Cartoon

*考生的色彩关系及色调都处理得很好。色彩丰富而不浮躁，色调和谐而不失明快，物体结实而不失生动。笔触熟练且放松，对造型和色彩的塑造也具备很好的能力，画面的空间关系及整体效果处理得也很得当。美中不足的是，罐子的高光有些乱。构图上罐子、杯子及鸭梨形成了一条线。

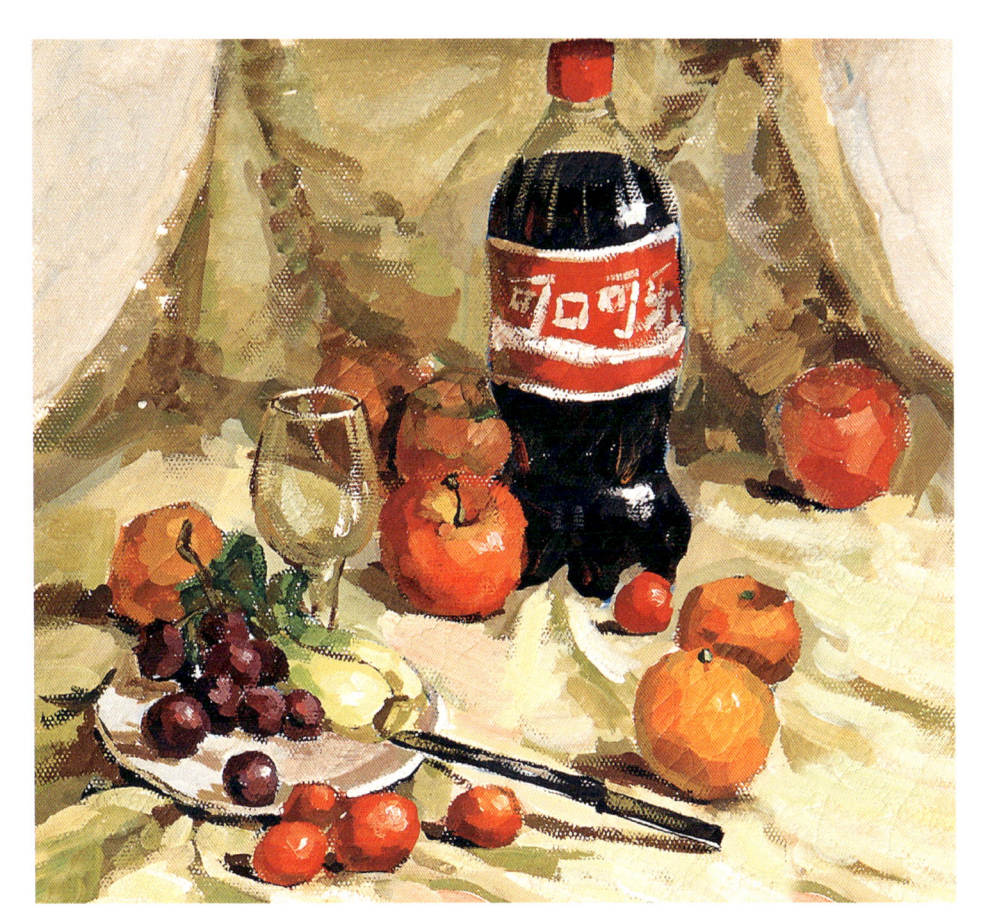

1*画面构图完整，色彩表现和谐。用色饱满，物体塑造及画面的空间关系处理良好。画面色彩不够丰富略显单调。背景用色稍显零乱。

2*该试卷物体刻画用色明快，用笔流畅，画面整体色调和谐，物体之间的空间关系表现充分。背景衬布与桌面衬布的色彩变化过大，缺少衔接。

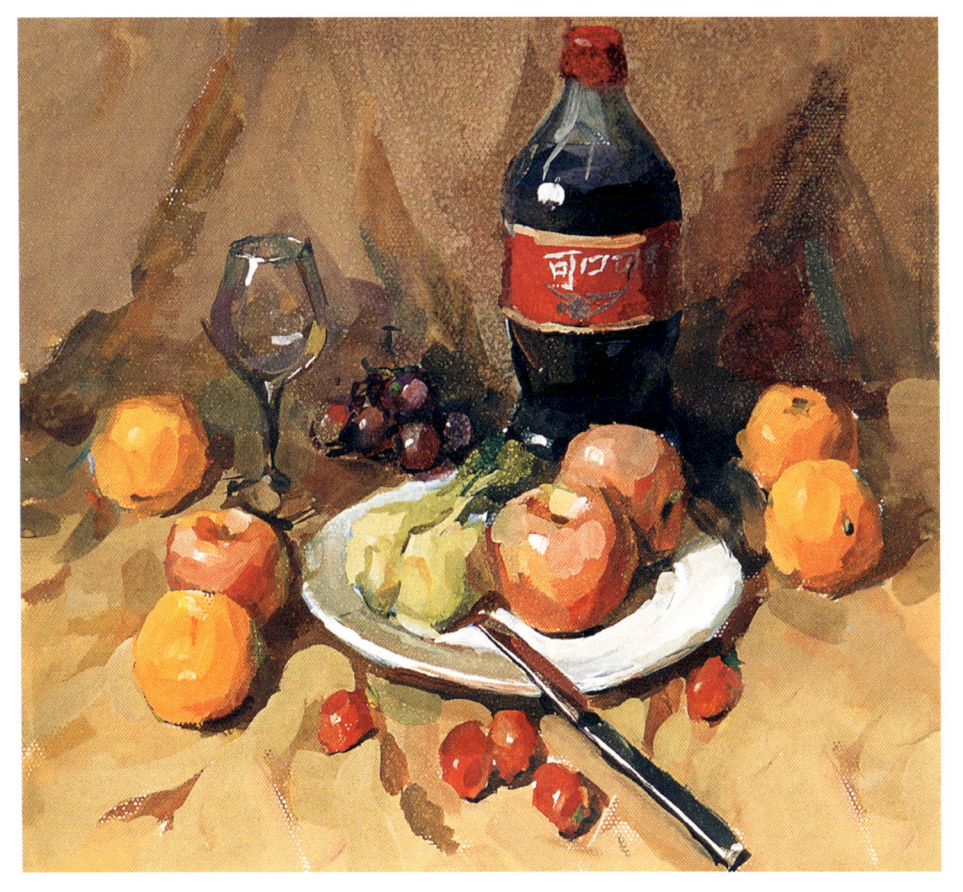

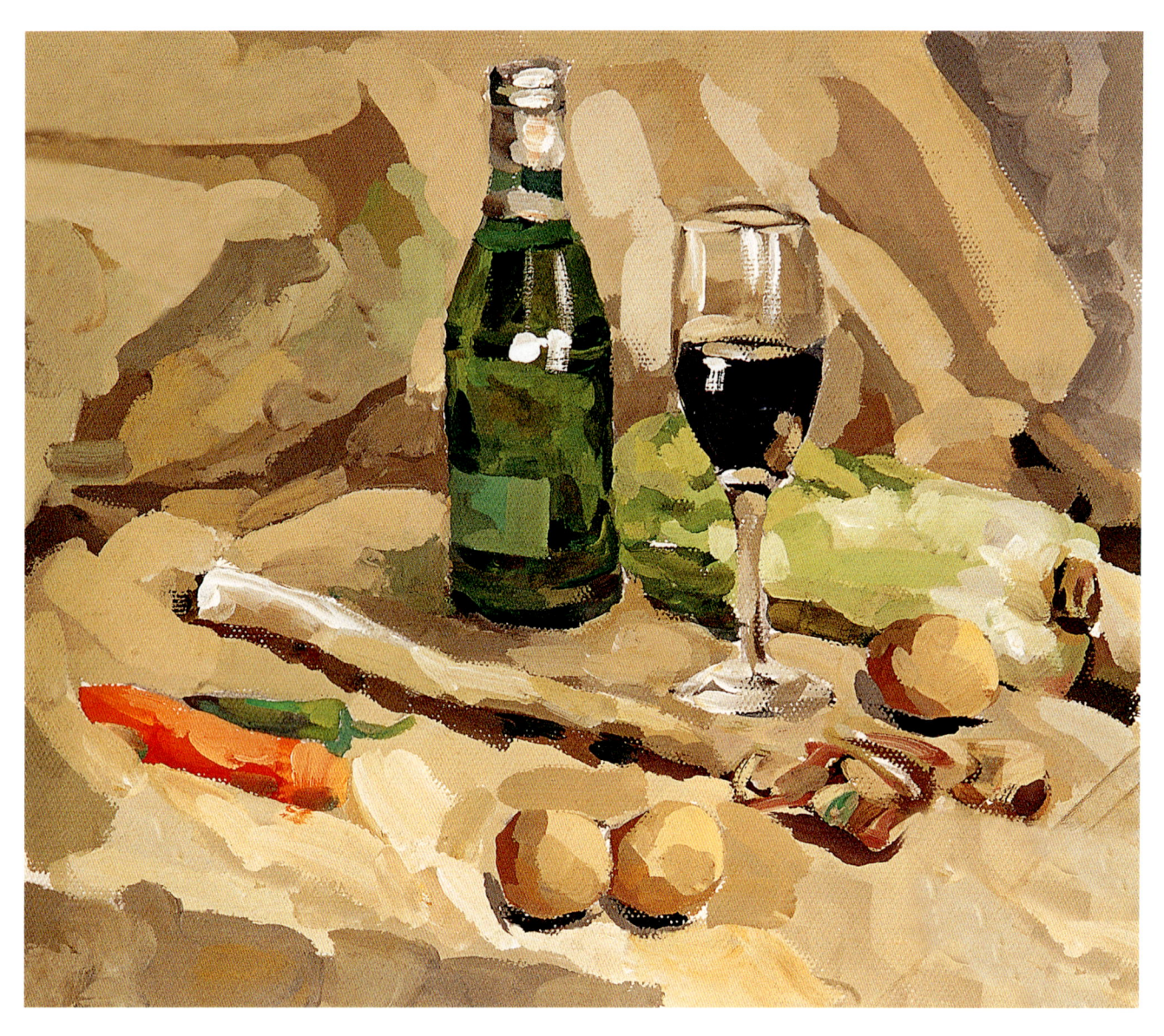

*画面整体色调比较和谐，用笔、用色较为熟练，但是画面色彩缺少变化、不够丰富。蔬菜的质感表现缺少细节刻画。

*该试卷表现了暖灰色调的画面氛围，色彩表现明快，色调协调。色调统一的效果明显，用笔、用色技法熟练。但应注意在色彩调子较统一时，色彩表现要有变化，如同一明度不同色相与饱和度的应用。

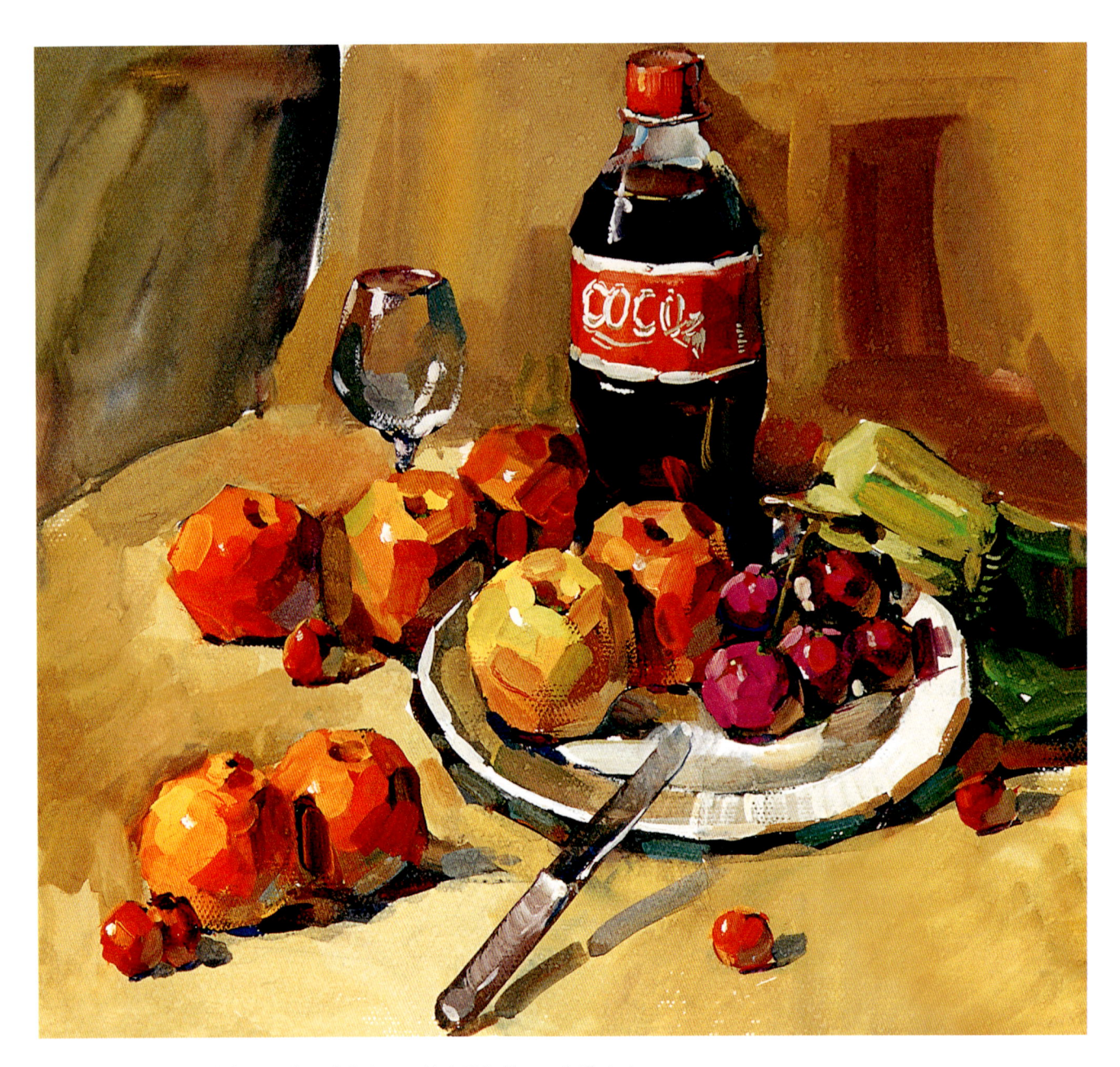

*试卷表现了考生具有较强物体塑造能力,用笔大胆娴熟,用色明确对比性强,色彩的干湿变化明显,空间层次关系明确。应注意画面整体色彩对比下的调和关系的处理。

*表现一组色相相似的物体，如果处理不当可能就显得单调。本试卷把这样一组静物表现得较为丰富，用色、用笔具有自己的表现特点。画面空间层次明确，技法表现娴熟，效果良好。

*同样一组相似的色彩静物写生，画面色调处理良好，形体塑造充分，在色调统一情况下色彩富于变化。色彩的块面表现较为合理并富于变化，用笔轻松、流畅。

*这幅试卷在画面构图、色彩关系、形体塑造的处理以及表现手法上都相对均衡,但缺少了自身表现特点,较为平淡。

*此试卷是一组稍重（深）调子的静物，考生注意了色彩表现和素描关系的处理，物体塑造充分，空间关系表现良好。画面暗灰色彩应用较多，色彩变化不够丰富，整体画面稍暗。

*该试卷构图完整，用笔、用色轻松自如，表现得很有自信。形体塑造充分，画面空间关系清晰，光影效果明显，整体色彩表现感觉良好。不足之处是背景的色彩过于深沉，缺少空间透气感。

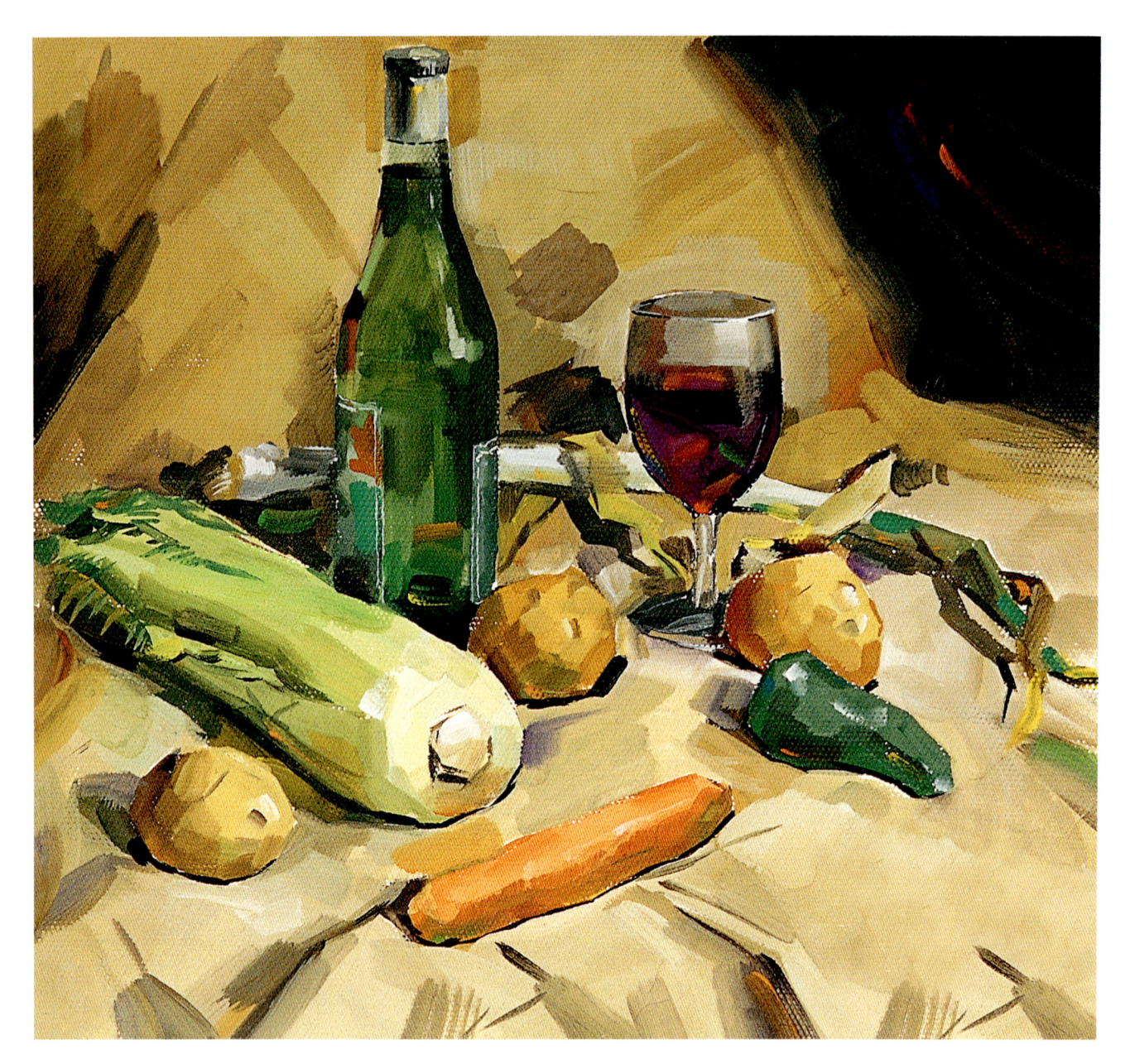

*整体较为生动，啤酒瓶与高脚杯画得透明生动而不失细部。大白菜画得整体流畅，土豆、青椒等体积感强，但投影及暗面的处理简单沉闷。

*卷面整体感处理得较好，色彩空间处理得当，色调处理和谐自然，对绿色的应用有层次。不足之处在于灰色背景处理得单一概念。

*画面完整而统一，色调也很和谐。用笔肯定而不呆板，熟练且生动。造型和色彩的塑造上也显示了该考生较好的功底。略显不足的是物体的摆放在构图上为空间制造了困难，空间效果显得有些欠缺纵深和距离感。

*这是一幅色彩关系及色调都处理得很好的画面，但显而易见的是在形体的塑造上过分简单，使得物体缺少应有的质感。

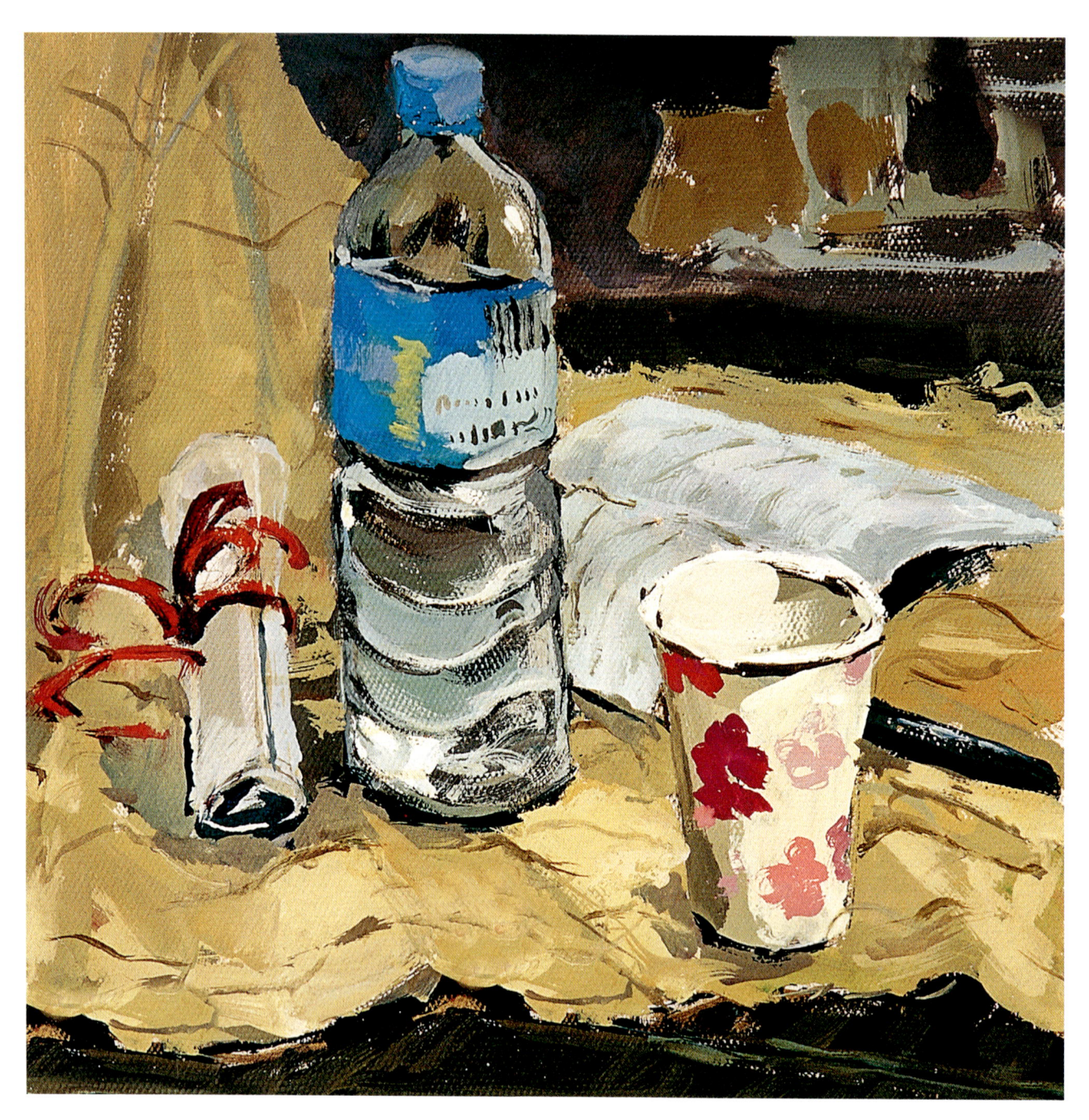

*此画面构图饱满，用笔轻松不拘谨，色调也较明快。但在造型及色彩的表现上都有欠缺，某些局部的色彩倾向不明确，画面略显粗糙。

*此考生的画面处理笔触大胆,色彩明快,构成了强烈、斑驳的光感,有很强的绘画味道。不足的是衬布的立面形成了正三角形,明暗对比也稍显强烈,对空间效果稍有影响。

*构图整体饱满，物体之间大小舒适，物体与物体之间的黑白关系明确，物体本身的体积整体塑造得比较到位，有一定的空间感，色相基本准确，画面比较明快。画面整体的调性把握得比较好，如注意物体色彩的饱和度和色彩之间产生的色彩倾向，再丰富一些会更好。

*小图是一张改变色调的同一类型画面，是一张暖调子试题，整体感还可以。除衬布等可以改变的色调外，更要注意光源和环境对物体的影响。整体上都反映光对色彩的变化作用，画面如果画得再具体一些可以具有一定的整体效果。

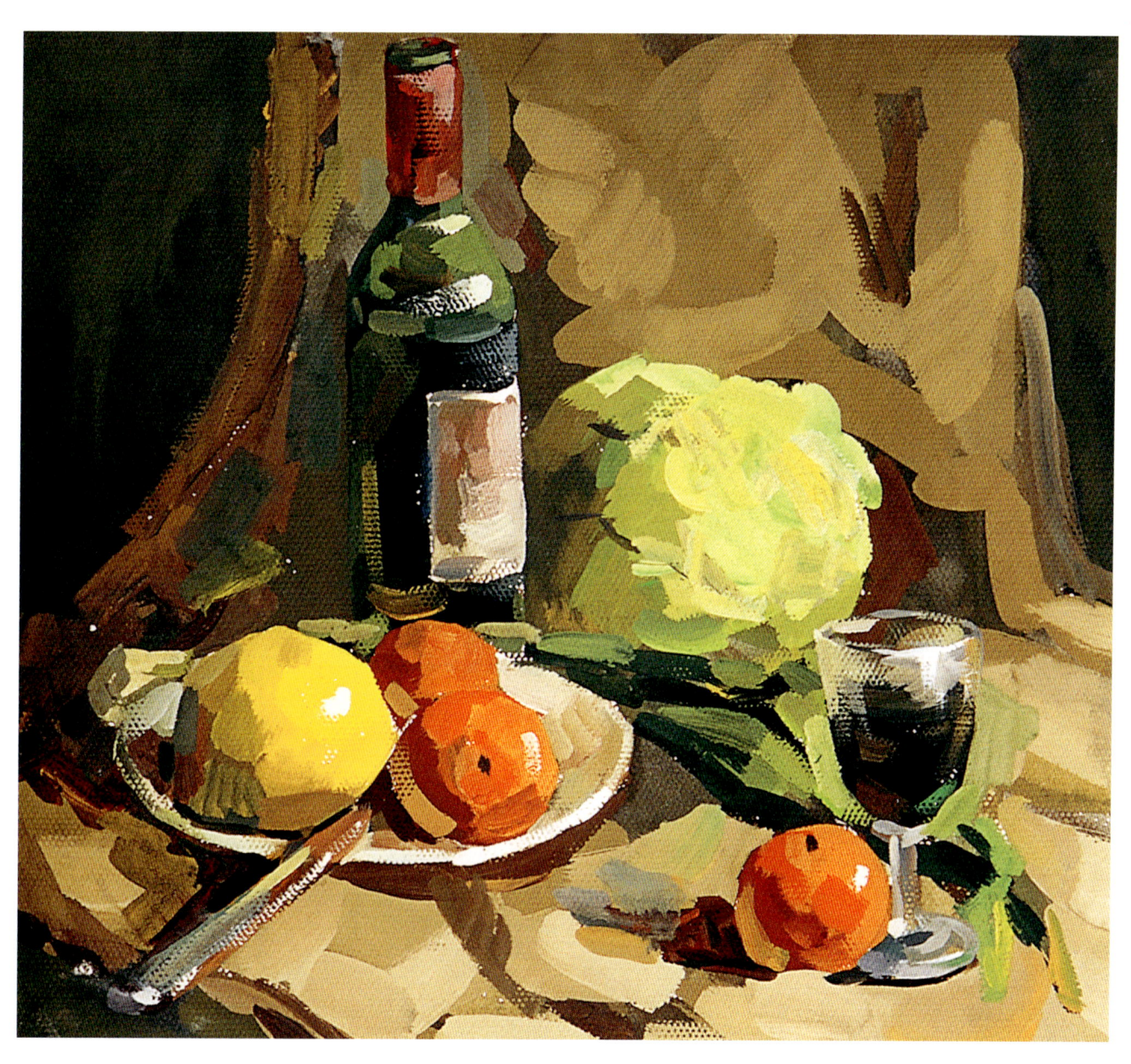

*构图完整得当，物体之间的摆放有一定的空间关系，物体与物体的明度关系明确，物体本身的黑白灰关系处理得较好，整体画面的后虚前实、后暗前亮具有厚重感和空间感，笔法熟练流畅。如画面整体再有一些明度的过渡会更好一些，有些色彩再调整得更丰富有变化和纯度低一些，注意刻画杯子的质感，将使整体画面有一定的提升空间。

*小图是一张变调的试卷，整体变成冷调子，整体感觉还可以。要注意物体与物体之间的关联色彩，要把色彩画得干净一些，不要太脏，也不要太纯和生硬，同时注意补色对比。

*该考生用笔比较熟练，但是色彩略显单调、不够丰富，静物的比例和造型欠佳，水果和蔬菜的质感较差，缺乏刻画。

*该考生的表现手段过于理性，物体形象呆板，缺乏生动感。另外该考生在处理画面的虚实及物与物的前后关系上表现很好，画面具有一定的空间感。

优秀试卷　　艺术设计　工业设计　动画

Super Papers: Design, Industrial Design & Cartoon

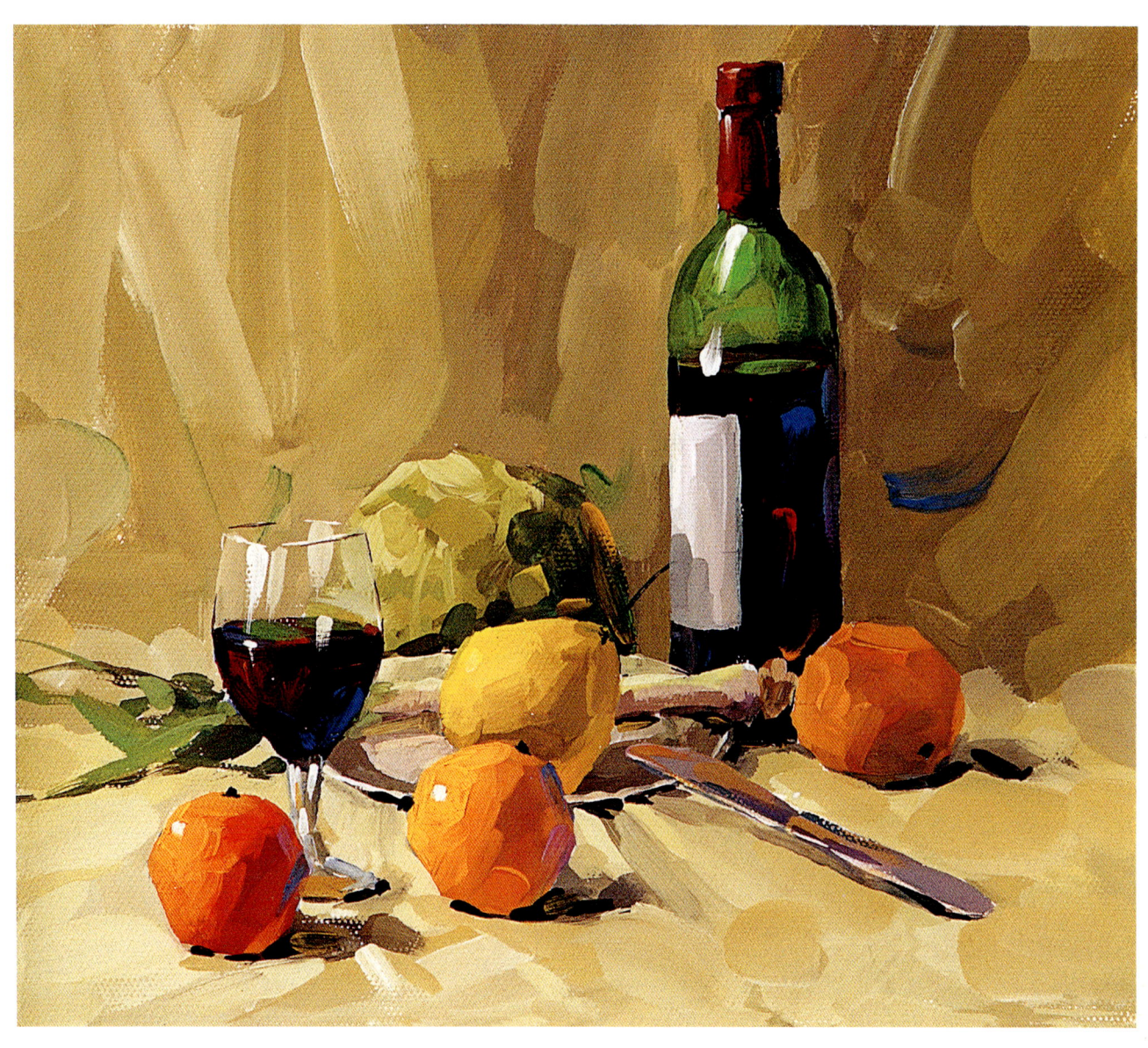

*构图完整舒展，各个物体之间配合合理，整体的明度处理到位，后虚前实、后暗前亮，画面表现得明快顺畅，物体与物体之间的明度关系变化中有统一，在处理同一物体上不雷同，色调运用协调统一，在刻画物体的质感上有一定功力。技法熟练，用笔坚决。如把物体的暗部用补色提一下会使画面更加明快。

*这是一张变调的试卷，在色调的处理上比较统一，主要是把衬布换成冷色调，其他物体都带有冷色调，能在冷色调中加有暖色调，使调子既统一又有变化。如在统一的基础上，色彩倾向再丰富一些会改变色调太单一的感觉。

优秀试卷　　艺术设计 工业设计 动画

Super Papers: Design, Industrial Design & Cartoon

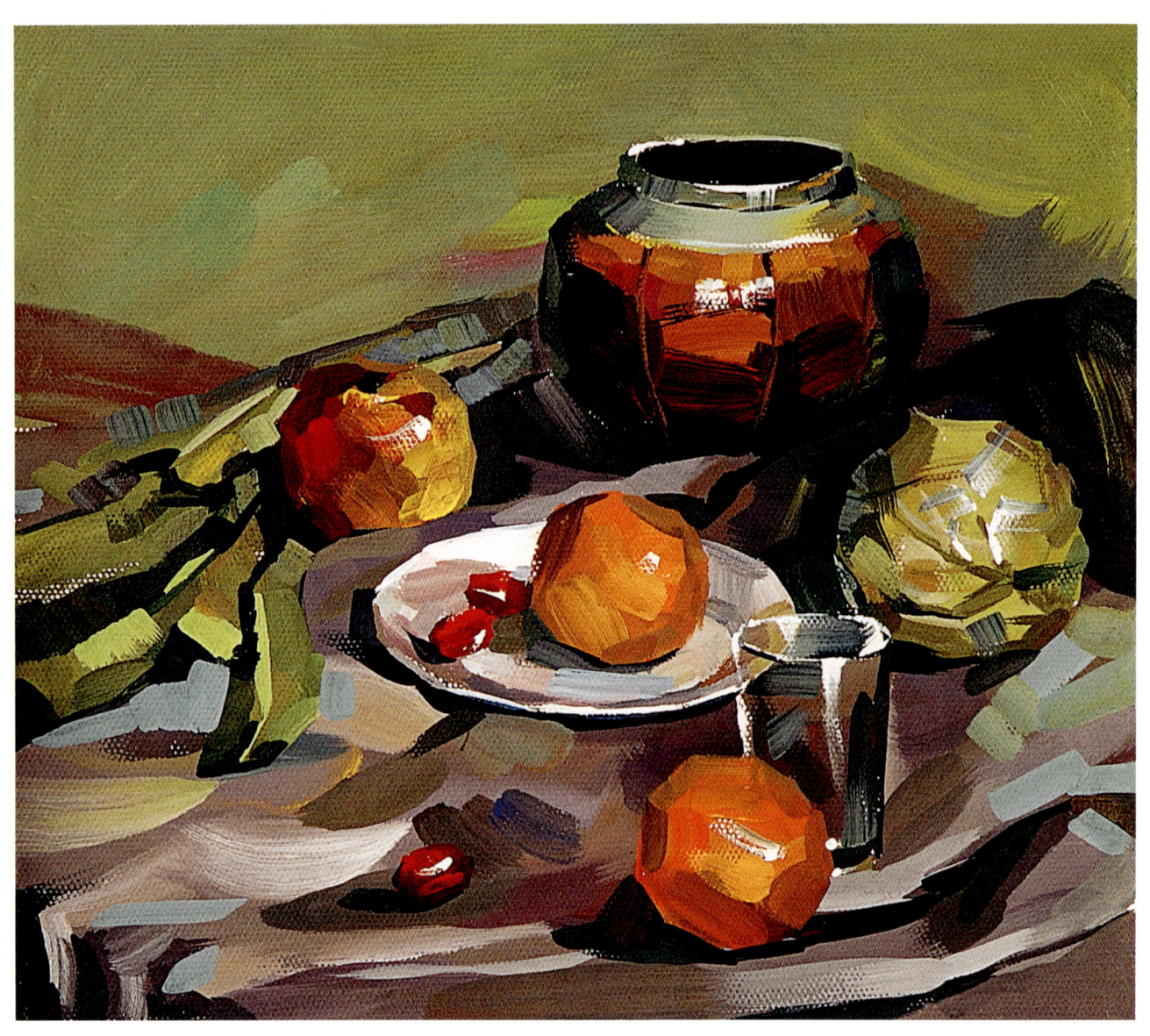

*构图基本还可以，但每个静物之间的大小造型有些雷同。用笔放得开，画法比较有自信，有自己的一套技法，画面感觉比较深沉。如果注意物体之间的关系，色彩再丰富一些，每一部分的明度、纯度要有区分，还要明确一些，色彩运用干净一些，画面效果会更好。

*这张试卷变暖调子，整体上还比较丰富，用笔大胆肯定，一气呵成，但要注意每个物体的明度和纯度的区别和变化，暗部在处理上还要透明一些，要合理运用色彩的倾向和中灰调，丰富整体画面，使画面具有一定的提高空间。

*画面色彩协调统一，色调单纯明确，表现力较强，但从明度上观察黑白灰色调的整体配置似乎欠佳，画面显得轻飘。

*画面处理整体协调统一,色彩运用纯熟,笔触干净利落,显得胸有成竹,画面层次感也较好,但对物体整体塑造不足,缺乏个性化描写,稍显轻描淡写倾向。

*画面布局丰满，整体色调和谐，用色、用笔大胆富有表现力，敢于运用灰色调进行冷暖对比塑造，画面色彩响亮。

*色彩整体控制较好,色彩协调统一,饮料瓶、面包片等物体塑造轻松,色彩基本准确,但形体造型过于放松(特别是水果),影响了画面整体效果。

*画面干净利落，用色简洁、单纯、明快，可乐瓶塑造生动，色彩与光影结合较好。衬布描绘过于简单致使画面前后关系欠佳。

*画面整体呈暖色调，红色、橙色成为色彩中坚。画面构图比较完整，用笔肯定，笔触运用自如并有一定表现力。但画面刻画上有些趋同，重点不够突出。

*画面由暖色系为基调构成，非常和谐统一，可乐瓶、水果等塑造生动，体积感、色感均比较突出，但冷暖色调对比稍显不足。

*整体处理得当，色调统一，构图松而不散，用笔灵活且富有表现力。白色盘子处理上略欠思考，变化过于简单，影响了空间的表现。

*色彩运用大胆肯定，画面整体色调基本协调，从明度上看黑白灰关系明确，布局合理，因此画面显得较为响亮，但不足的是整体上看关系稍显零乱。

*画面呈暖灰色调，统一协调，整体上看虽用色多比较灰，但暖灰基调依然成立，特别是暖黄、红色的处理比较关键，用笔自由放任，应注意在追求色彩关系表现的同时形体不要过于放松。

*整体色调掌握较好，色彩配置协调统一，构图完整，饮料瓶、水果等物体运用色彩塑造生动，有一定表现力度，但画面冷暖调子对比上稍显不足。

*整体画面安静和谐，构图与色彩配置比较好，衬布与背景灰色调的加入更加深了上述感觉。色彩相互对比关系稍显不足，几个水果显得雷同。

*用色纯熟，形体塑造有一定力度，整体上看构图完整，暖色调的处理较为和谐统一。冷暖关系稍弱。

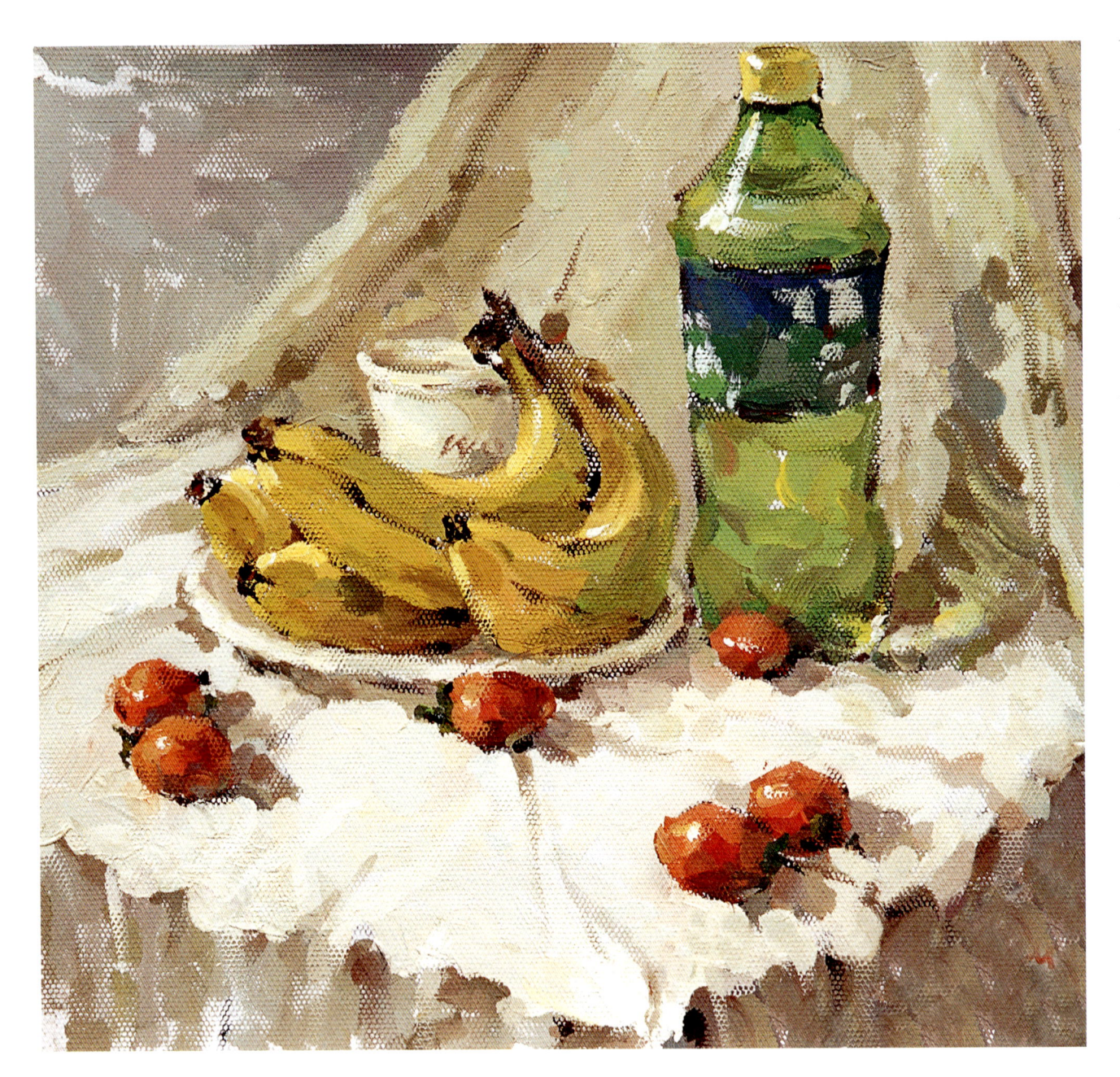

*画面整体色调和谐，色彩大关系较好，色调明确，用笔简洁、单纯、流畅，塑料瓶运用不同倾向的绿色笔触塑造，显得轻松有致，画面构图完整，调子轻松和谐。

*该试卷色彩表现技法娴熟，用笔用色轻松自然，色彩组织和谐，形象塑造准确、生动，画面的黑白明度对比明确，层次分明。面部色彩稍微有一些程式化。

*人物的素描关系较平淡,但色彩关系处理非常微妙。受室外光线的影响,亮部的色彩有一层淡淡的冷色。中间的颜色基本是皮肤的固有色,暗部在环境色的影响下呈现出橘红的色彩倾向。衣服的处理注意了整体画面的效果,使画面呈现出一种协调与柔和的气氛。

*人物的面部几乎接近逆光的效果，该考生用很纯熟的色彩与笔触描绘出人物的朴实。用笔肯定，没有过多的修饰，同时还注意了冷暖色的对比与协调。不足的是在耳朵与脖子的结构表现上还有些模糊。

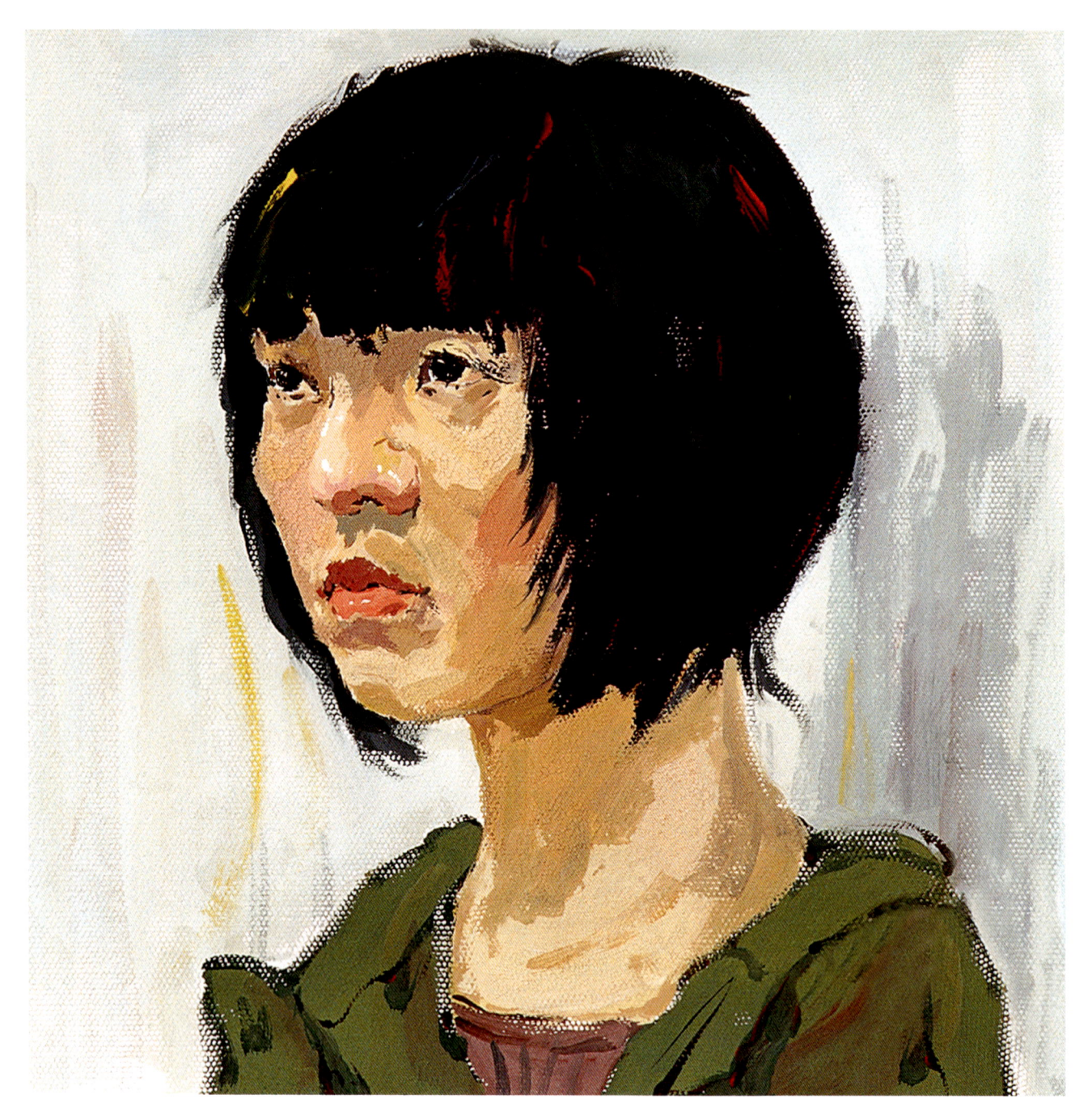

*此考生对人物的神态把握较好，画面注意了色彩和素描关系的结合，颜色的运用注意了结构位置的需求。但在结构的塑造上还稍欠严谨。

1﹡从画面效果看，整体色调协调，构图饱满且完整。面部的色彩效果冷暖相宜，和谐统一。在五官局部的一些细节表现上，笔触轻松、自如、得体。不足的是下颌部与脖子缺少虚实处理，使下颌失去了应有的圆润感。

2﹡此考生在构图及整体色彩效果的把握上还是比较到位的，对人物结构的理解也是较深入的，薄薄的颜色表现得轻松自如，人物面部的某些局部处理成偏黄绿色效果，亮部基本上是皮肤的固有色，颜色构成了和谐统一的效果。背景大胆地利用彩色线条，让色彩具有了一种流动感，使画面的色彩活跃起来。但衣服处理得有些琐碎。

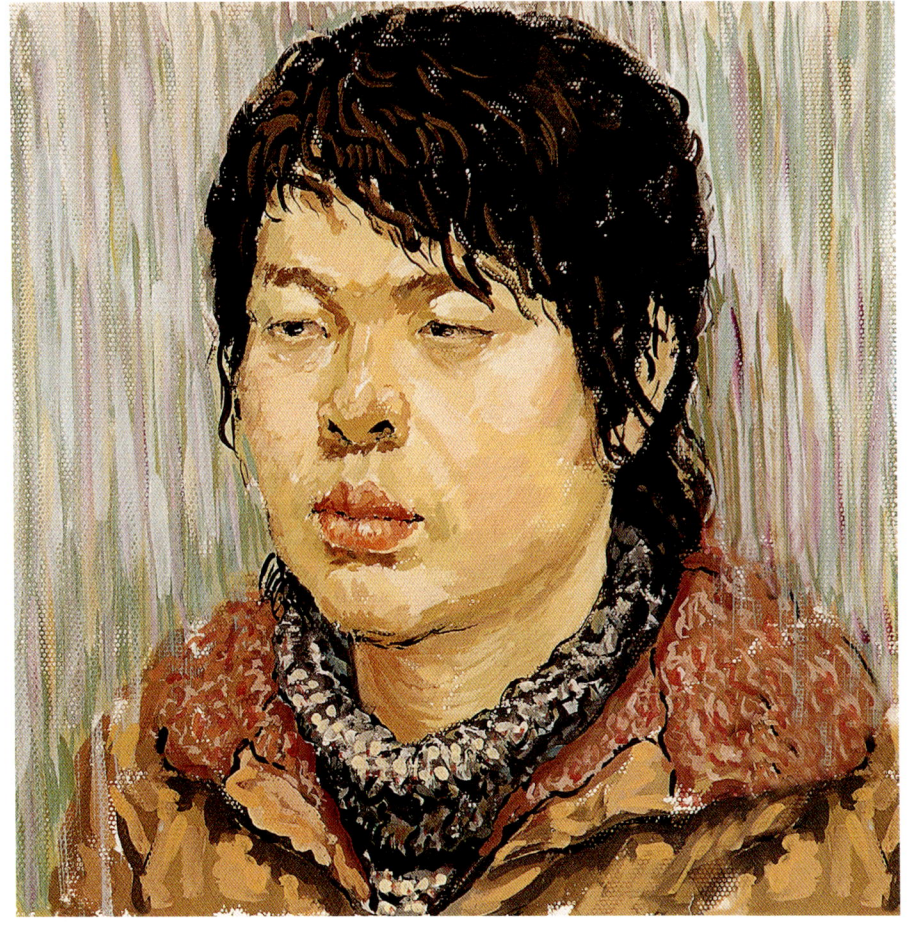

*该考生技法运用得比较熟练，用笔比较自信。人物的基本色彩关系都表现出来了，并形成一个和谐的色调。该作对构图、人物结构塑造及色彩的协调都能很好地把握，可以说是一幅很优秀的作品。

*画面的整体色彩效果已显现出来，人物的面部和衣服与背景之间的色相变化基本拉开了差别，用笔肯定，有一定的塑造能力。不足之处是该考卷人物面部人中、唇合沟的颜色太黑，与口轮匝肌的颜色没有联系，耳朵和颧弓骨没有转折，没有前后空间错落而处在一个平面上了。

*这幅色彩头像具有独特的个人风格，画面色彩明快，背景的冷灰与人物面部的色彩形成强烈而和谐的对比。该考生对人物的神态、结构有着很好的把握，并将客观色彩表象与主观色彩感受结合起来，把颜色调合成各种具有色彩倾向的灰颜色，画面色调统一是这幅作品的成功之处。不足之处是头发和眉毛没有色彩变化，与头部颜色缺乏联系。

1*这幅画整体色调比较协调，色彩饱和，用笔肯定，人物形体塑造得也很深入。其实色彩人物是比较难画好的，面部的肤色既不能只强调固有色，又不能过于渲染环境色，否则不是单调就是"花"。检查学生色彩是否入门的关键是看他对灰颜色的观察和表现。该作品的不足之处是整体刻画上主次较平均。

2*这张考卷衣服表现得很不错，其质感、结构、体积、色彩关系、虚实关系、服装和头的空间关系处理得当。不足之处是人物头部暗面颜色太脏，左眼和左颧骨结构有问题，头发没有体积感，缺少环境色和光源色，外轮廓和背景没关联，处理太死。

*这幅试卷整体效果比较完整，明暗对比强烈，用笔简洁概括，大胆自信，光源色、固有色、环境色表现得比较充分。不足之处是画面刻板不够生动，左眼与眼轮匝肌没有联系，呈薄片状。人物头部画得再充分一些会更好。

*该试卷是一幅优秀的作品。画面构图舒适优美，仰视的视角很有气势。作者用笔、用色技法运用得非常熟练流畅，可谓一气呵成。人物头部刻画非常到位，服装表现得凝练、概括、大方，松动中又不失严谨。整体画面主次分明，色彩和谐，构图精美。

*色彩关系醒目明确，造型肯定放松，特别是衣服表现得生动丰富。下巴的暗面处理略显概念孤立。头发表现得生动放松。

1*此幅作品形色结合自然饱满，有些油画味道，色彩冷暖关系、空间与体积感处理得都不错。头发处理略显单一孤立。

2*卷面生动和谐，用笔自然流畅，具有速写之手法，且有细部。头发处理略显单一孤立。

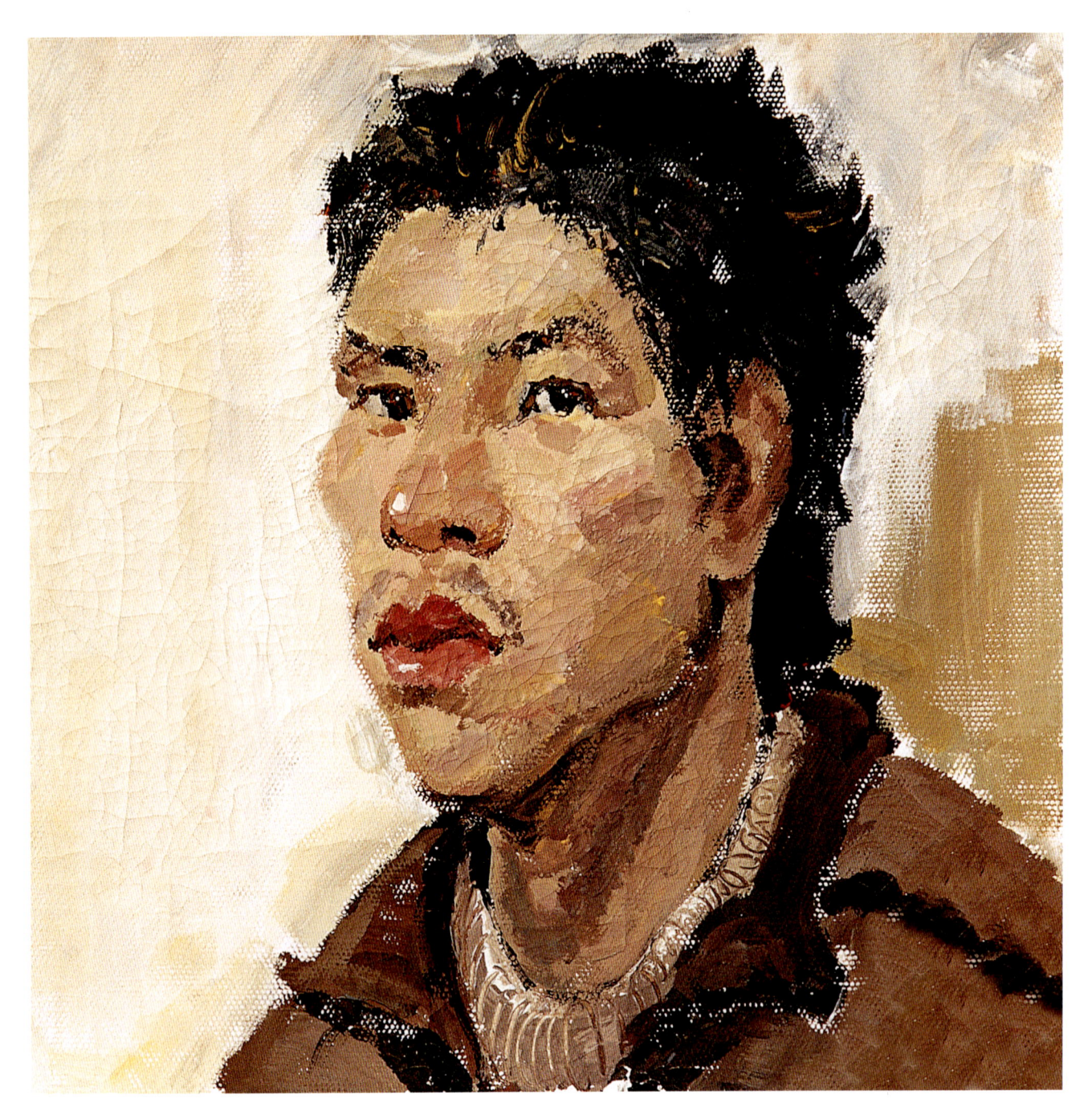

*画面整体色调感很强，色彩纯度降低，呈现灰色块之间的对比关系，头部的黑色块与脸部、背景、衣服之间的色块组合很协调，这个考生具备了很好的色彩表现能力，通过笔触的变化和冷暖区别塑造人像大的形体起伏，使画面形色之间相互融合与统一。

*这幅色彩写生头像构图得当，画面响亮。色块对比强烈，用笔、用色都很明确，形体的塑造感很好，人像的结构转折基本上都表现了出来。五官刻画得也较为深入和生动，脸的亮部、暗部过渡面层次很好，但在暗部转折地方如增加些衔接的色彩变化会更好些，鼻子的塑造还可再严谨。

*整个画面统一在暖色调中，色彩变化不是很多，几块色彩组合形成了画面基调，对比强烈。头部色块纯度较高，与灰红色的背景形成补色关系，黑色块的头发与棕色领口起稳定画面的作用，亮部与暗部的色彩进行归纳处理，使画面显得非常的概括。五官的塑造还比较结实，对于形的控制很好，基本符合考试要求。

1*这张试卷暖灰色调非常好看，画面感很强，考生的色彩感觉不错，头发的重黑色块与背影的暗灰色块、脸的亮色块形成和谐的色彩关系。衣服的色彩很重要，起到了调和的作用。整个画面非常概括，具有装饰味道，五官及面部虽然色彩变化不是很丰富，但基本形体关系都表现了出来。

2*此考生画得很放松、很随意，用笔很大胆，通过丰富的色彩变化表现头部的形体变化，层次感很强，很有绘画味道，几个主要色块的组合也比较明确，领部的红色起到重点色的作用，与背景的绿灰色块形成对比，五官的塑造比较结实，基本体现出前后的空间变化。

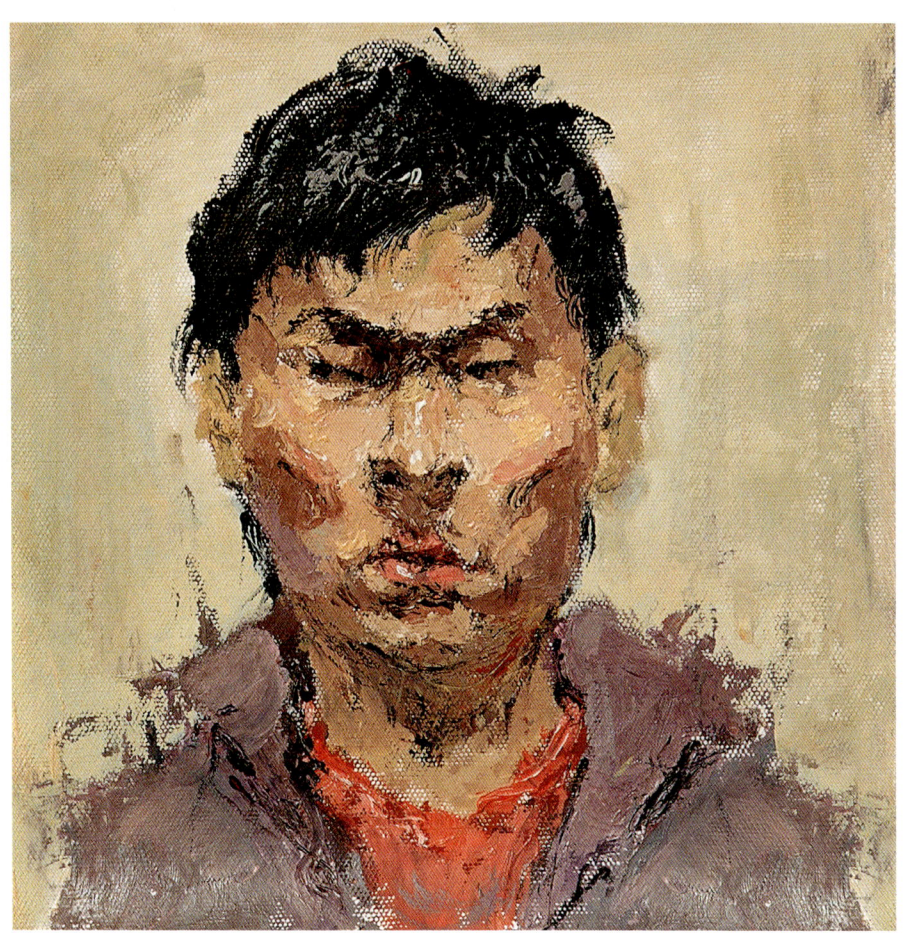

1
—
2

优秀试卷　　艺术设计 工业设计 动画

Super Papers: Design, Industrial Design & Cartoon

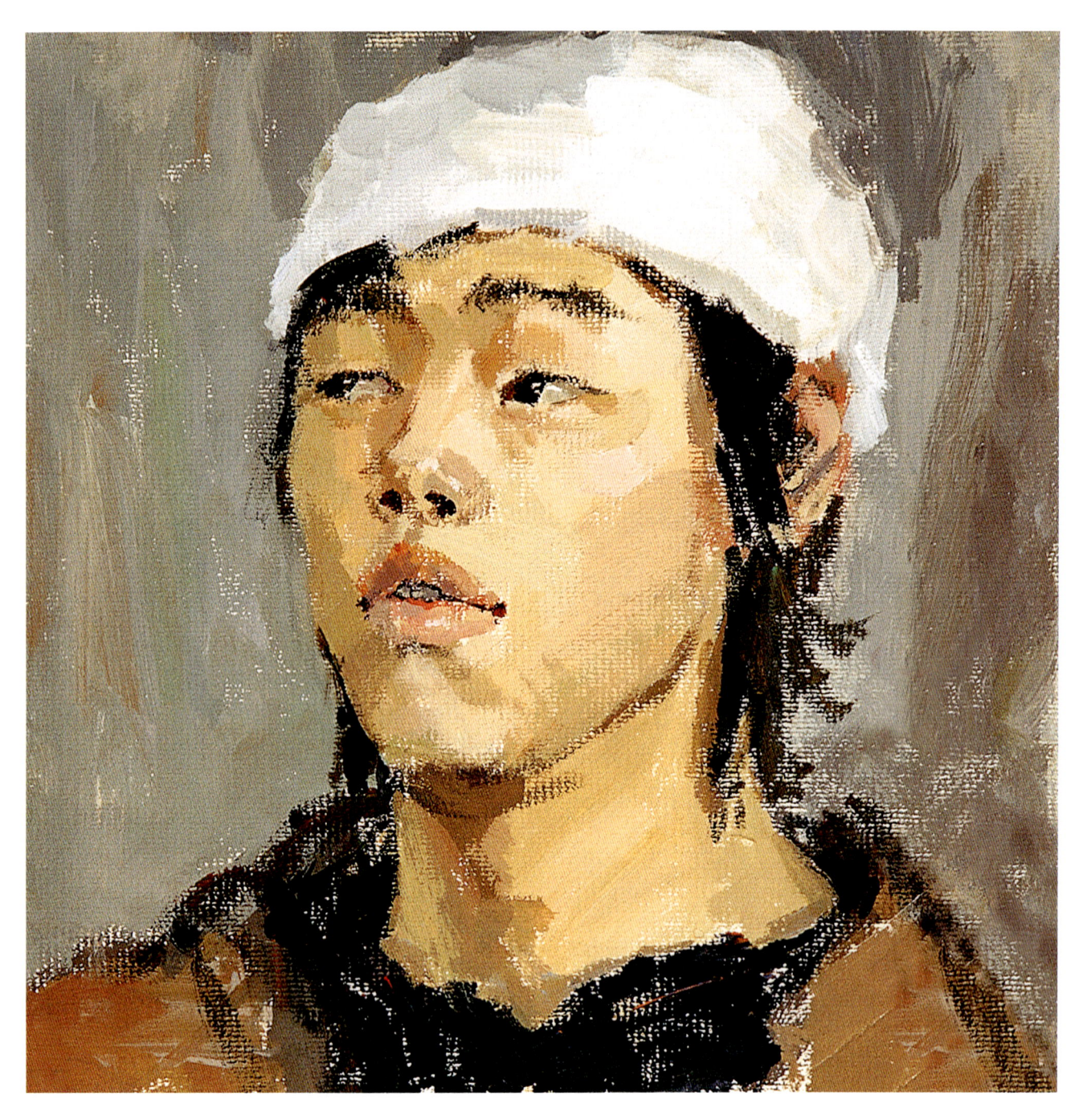

*整个画面呈冷灰色调，黑白灰色块对比明确，白色块头巾与头发、领部黑色块使画面有既稳定又响亮的感觉，脸部色彩与背景形成冷暖对比关系，五官的重点部位形与色都结合得挺好，特别是面部色彩过渡关系画得很微妙，通过色彩塑造出了立体的空间效果。

*这幅试卷画得比较规矩，看得出作者不是很熟练，颜色也欠调和，特别是面部色彩画得比较火，但正面的整体感还可以，基本达到了考试要求。形体的塑造比较严谨，画得较为深入，大的色彩倾向基本明确，能完整地把模特表现出来。

*画面人物头像整体基调较好，表现手法大气、有气势。运用色彩及笔触造型的能力突出，脸部色彩刻画结实、有力度，充分彰显了人物性格。

1*画面整体色彩协调，反映出该考生运用色彩捕捉画面整体基调能力较强，构图得当，用色肯定、纯熟。邻近色变化生动，自然衔接较好，有一定色彩表现力。

2*构图良好，画面基本色调较为和谐统一，运用色彩造型能力也较强，头巾与面部冷暖色彩表现基本准确到位。

*画面整体色调协调，色彩感觉比较敏锐，从画面效果上看该考生运用色彩塑造人物形象能力较强，动态与神情也把握较好。

*画面构图良好，色彩基调统一，运用色彩塑造人物形象与表情较为到位，头巾与面部冷暖色彩安排较好，用笔也较为流畅。

*构图布局饱满但不失空间感，人物造型比例基本准确，结构严谨，整体的明度关系明确，能准确调整色相的关系，脸部色彩根据模特的特点统一中求变化，冷暖色彩运用协调统一，画面整体色调统一在中灰色调中，柔和舒适。如再把头巾的亮度略提高一些，画面会明快一些。

1*构图充满画面，有视觉冲击力，但略有些压迫感。人物造型准确，运用大块的色彩关系使画面的整体感非常强，运用色彩厚度的变化使画面厚重老到，画面色统一饱和，具有强烈的表现力。造型严谨，如暗部的色彩再丰富一些会是一张非常好的试卷。

2*构图整体布局合理，人物造型严谨到位，比例关系舒展，结构刻画得非常深刻，色彩运用准确，脸部的色彩自然协调，塑造结实，整体感强，具有非常强的视觉冲击和感染力。如头巾和衣服上做到放松而不简单会使试卷更为增色。

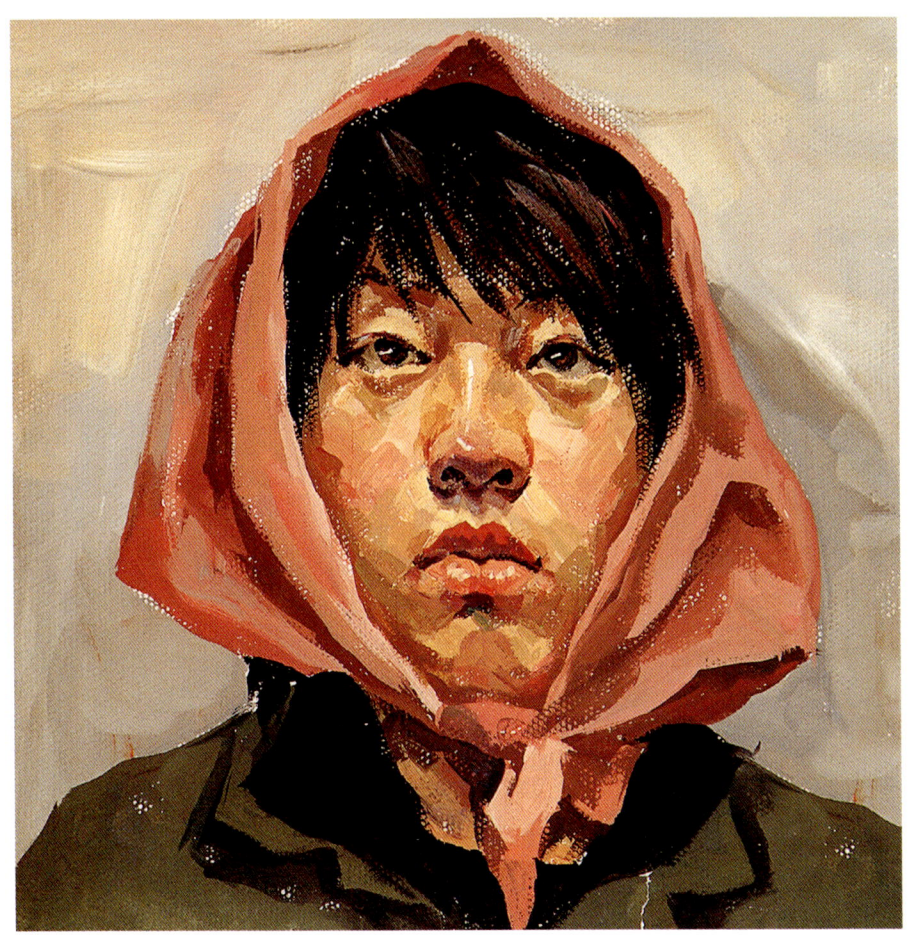

1
—
2

优秀试卷　艺术设计　工业设计　动画
Super Papers: Design, Industrial Design & Cartoon

*构图基本上没有太大问题，人物的比例关系比较准确，人物的头部都有所刻画，色彩的明度关系处理得还可以，色相基本准确。如局部的造型再严谨些，色彩的统一衔接再顺畅些，技法再纯熟些，会对试卷的提升有很大帮助。

*构图完整合理，人物整体造型准确，大的比例关系基本上可以，整体结构抓得比较到位，局部的塑造体积感较强，整体明度关系明确，整体画面厚实，色彩统一，色调协调，用笔肯定。如色彩倾向再加强一些，变化略丰富一些，做到统一中求变化，变化中求统一，会使画面更加洒脱。

*布局严谨，构图合理，人物的透视关系和整体比例关系准确，整体结构非常到位，局部的结构刻画细致，画面整体的黑白灰关系处理得当，富有节奏感。色彩的运用合理协调，笔法纯熟，表现力非常强，具有非常好的空间感。如脸部的冷暖色彩再画得稳重一些，注意色彩的过渡关系，表现力会更加突出。

1*画面构图完整，造型准确，人物的结构关系得当，用笔结实肯定，具有雕塑感，色彩的黑白灰关系处理得非常整体，局部的塑造体积感强，色调统一，整体感强。如把头发和衣服的色调略为调整，加进一些色彩倾向，效果会更好一些。

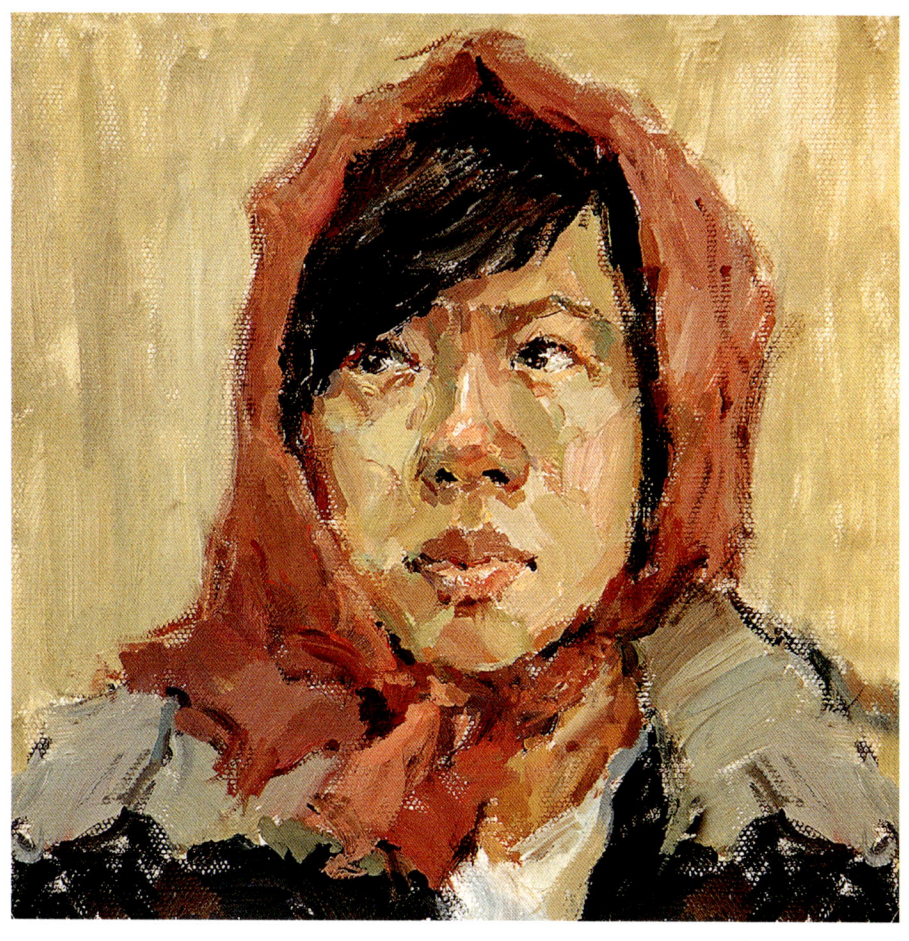

2*画面构图完整生动，有极强的造型能力，人物的神态表现得非常到位，用笔用色纯熟，具有独到的绘画语言，结构关系微妙灵巧，善于运用灰色调，画面丰富自然，色调在统一中变化得丰富协调，视觉冲击力非常强。如在头巾和衣服上色彩再丰富一些，用笔再放松一些，表现力会更强。

速 写
Sketch

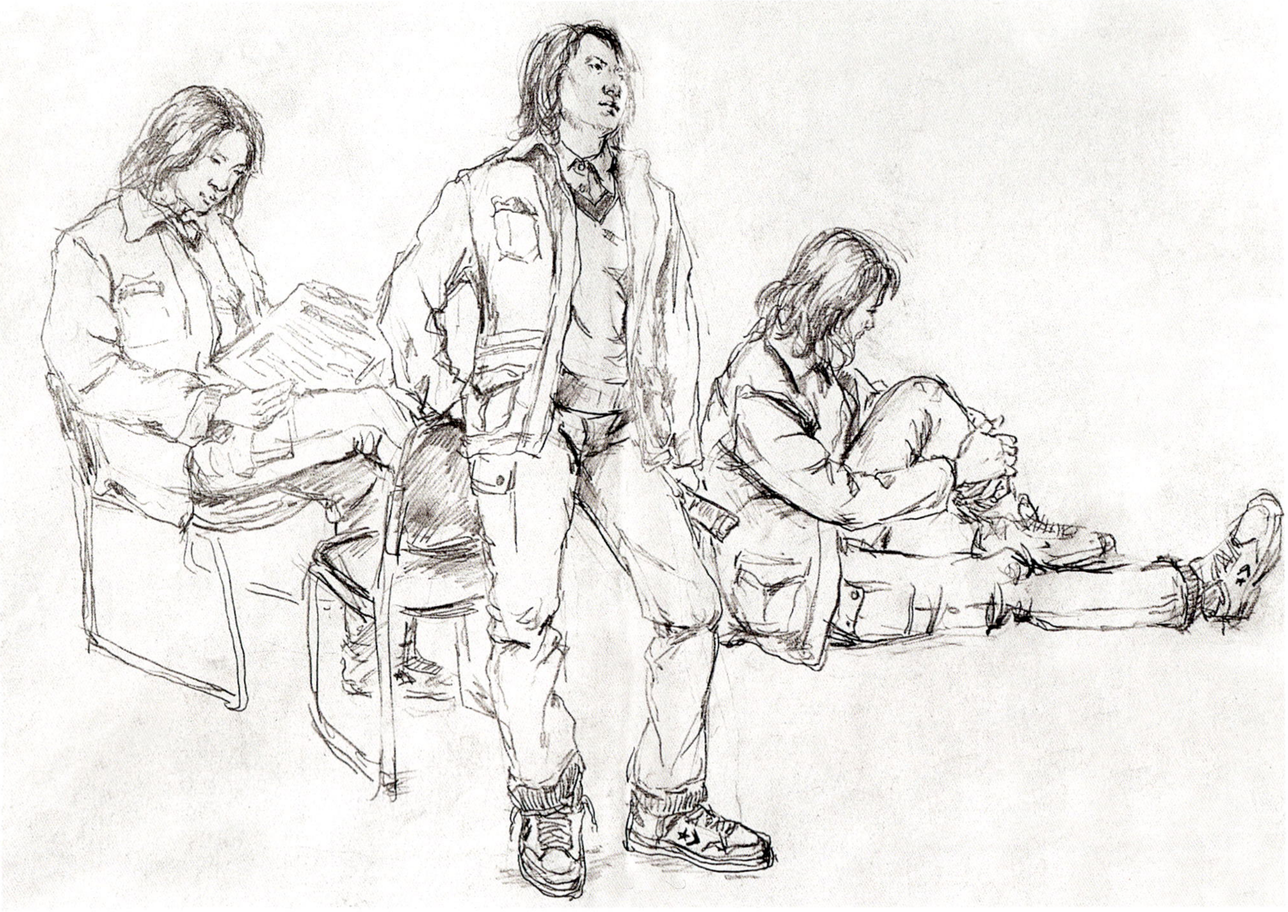

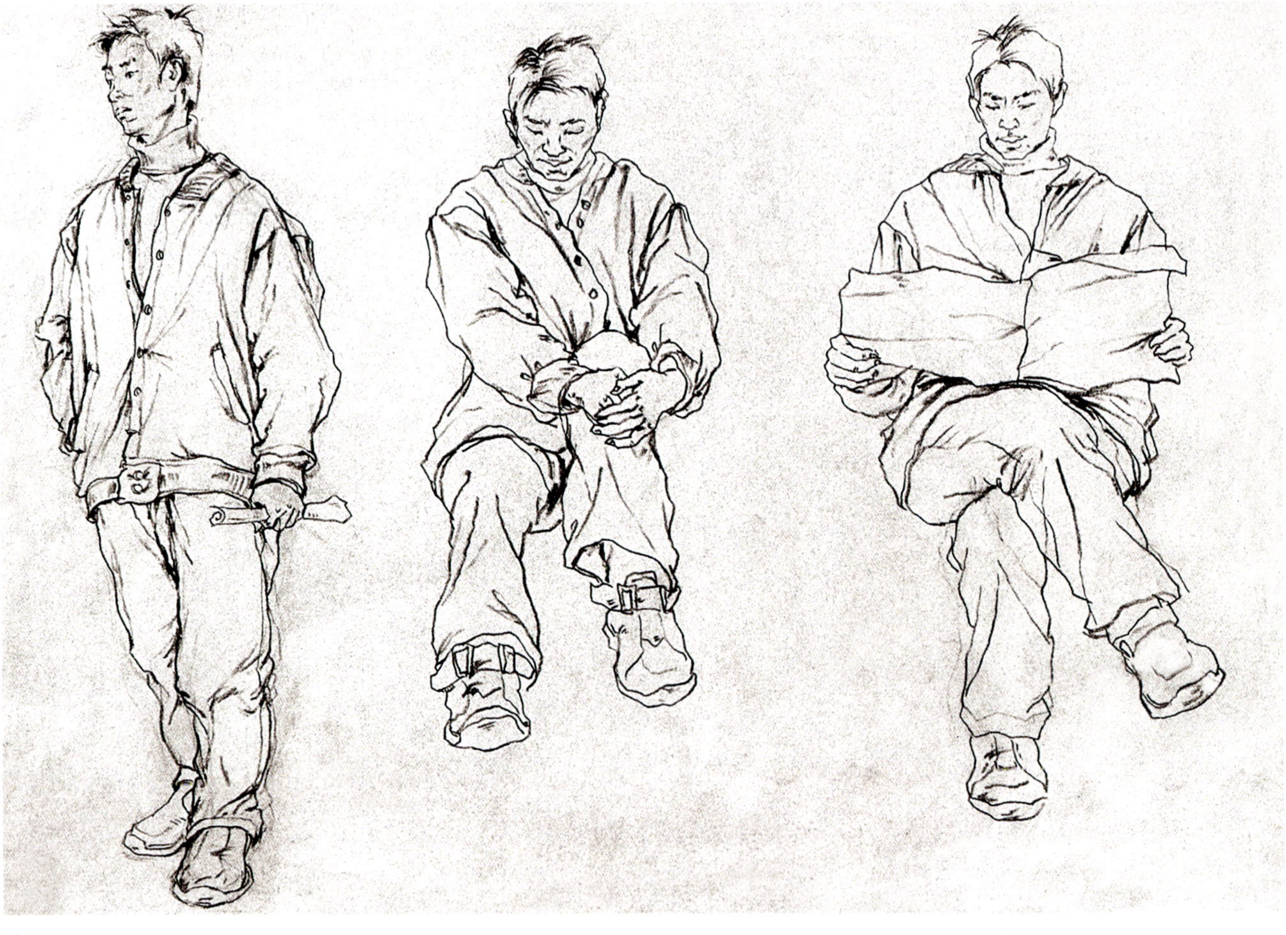

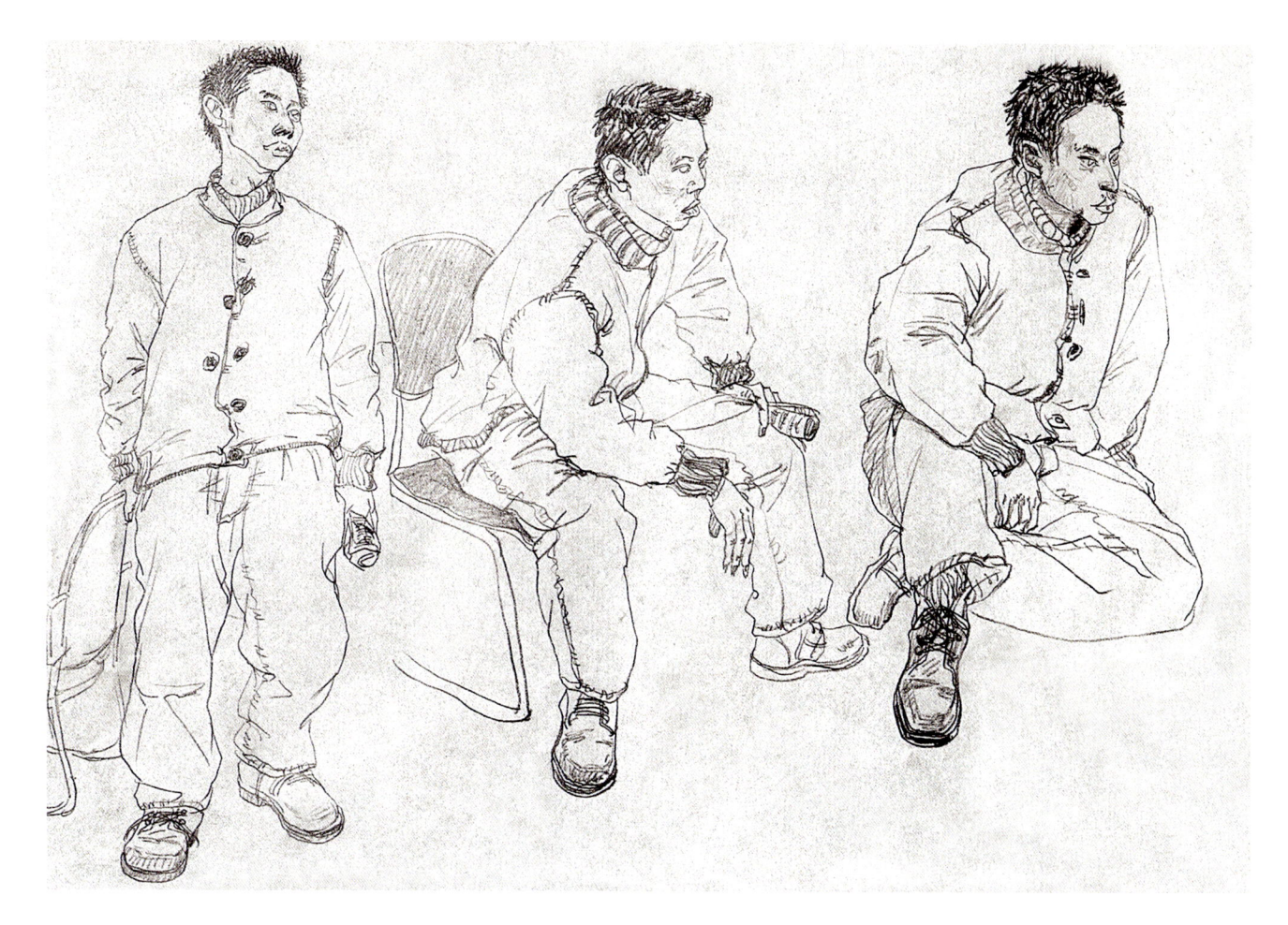

1*在构图上，三个人较为整体，组织得较好。人物的基本比例处理得比较完整，头、躯干、四肢的比例没有太大问题，大的动态和重心处理得较生动，在衣纹的刻画上有穿插和疏密的变化。如局部的刻画深入一些，线的处理连贯一些、整一些，不要太碎，将会更加生动。

2*构图安排合理，人物的比例关系没有太大问题，重心处理得较好，在局部的画法上头部的处理非常好，但手和脚都有些不足，动态比较舒展，在衣纹的刻画上能够注意穿插和用不同的线型来组织和处理画面。站立的人物画得比较生动，其他的两个人物画得比较刻板一些，如注意线的虚实变化可能会更好一些。

3*构图上没有太大问题，中间的人物在大的比例和结构上比其他的两个人物要好一些，在线的运用上比较严谨，疏密变化得当，局部的头、手、脚的刻画也比较到位。但其他两个人物要注意人物的比例关系，用线不能太生硬，要活一些，效果会更好。

4*整体人物姿势生动，人物比例正确，包括人体透视关系也处理较好，线条及简单明暗调子的运用显得轻松自然。个别细节部分表现不足，尚需进一步深入刻画。

5*人物速写运用线条刻画人物形体，用笔肯定有力，人物比例及姿态均比较到位，人物重心处理也基本正确。

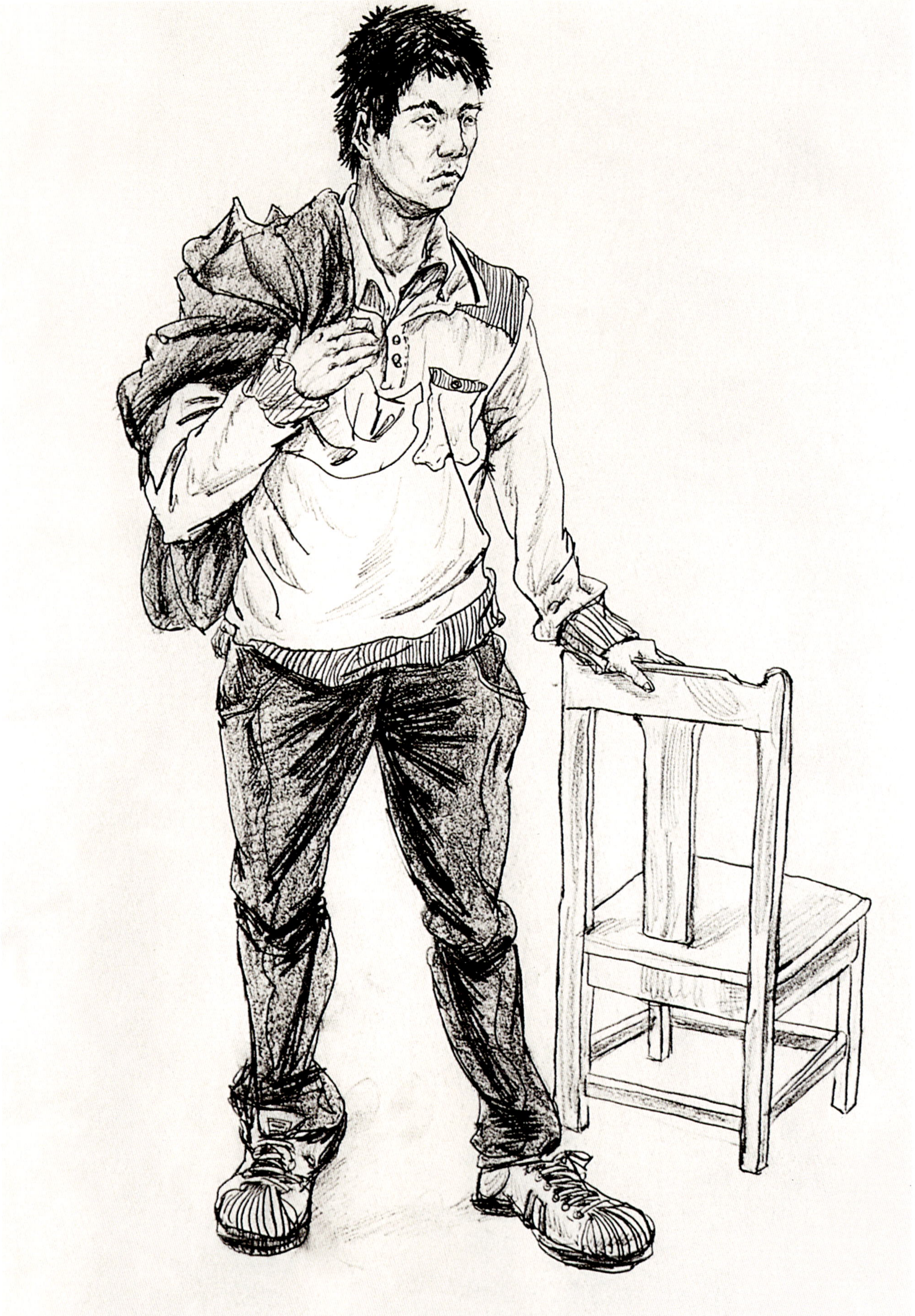

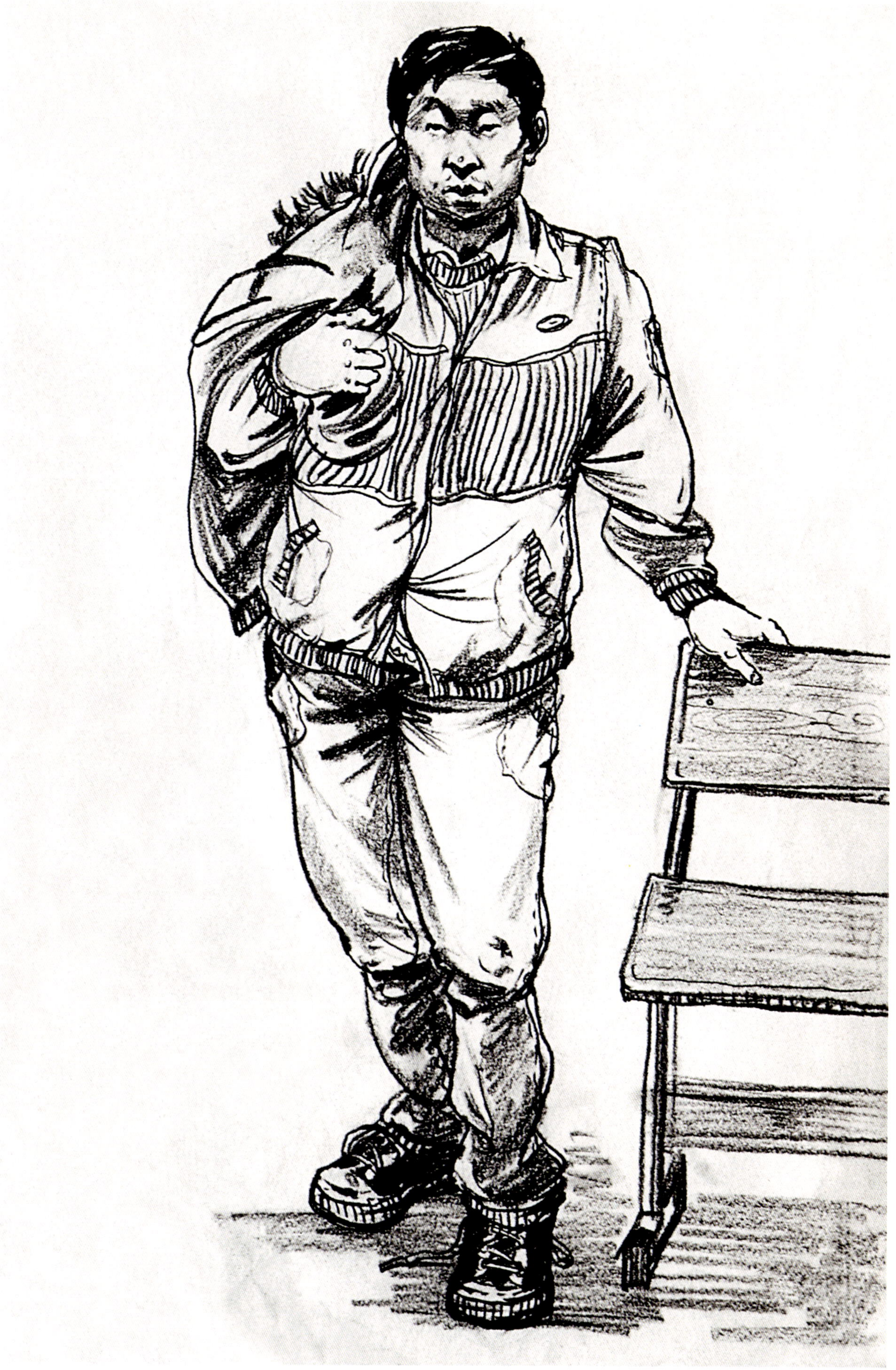

优秀试卷　　艺术设计　工业设计　动画
Super Papers: Design, Industrial Design & Cartoon

1*完整的构图给画面带来放松的气氛，每个人物都刻画得比较完整和生动，能做到这一点非常不容易。人物的比例有些夸张，但很生动，局部的刻画非常到位，头、手、脚画得严谨，重心处理得基本不错，线条的穿插、疏密、虚实等很到位，用笔肯定，技法纯熟。

2*构图较好，整体比例关系处理得舒服，画得非常放松，重点结构抓得紧，转折点卡得到位，线面结合的效果非常不错，线条穿插合理，线条的组织和疏密在关节处有自己独到的画法，线的虚实运用灵活，整体感觉较好。如在局部手的刻画上更加深入一些，画面效果会更加完整。

3*构图完整，两人的位置安排合理，画面很有气氛，人物的比例略有些短，但不失整体性，画面生动严谨，头刻画较好但手略有些不足，衣纹的穿插和疏密的变化配合小部分的黑白，线面结合得恰到好处，画面富有节奏感，人物动态表现自然，再舒展一些会更好。

4*人物站姿把握较好，人体比例及重心位置刻画正确，画面表现上运用光影明暗配合线条进行塑造，生动准确，有一定艺术表现力。

5*人物比例正确，站姿把握较好，面部及手臂等重要部位刻画生动、准确。个别部位若能适当地进一步深入刻画细节则效果更好。

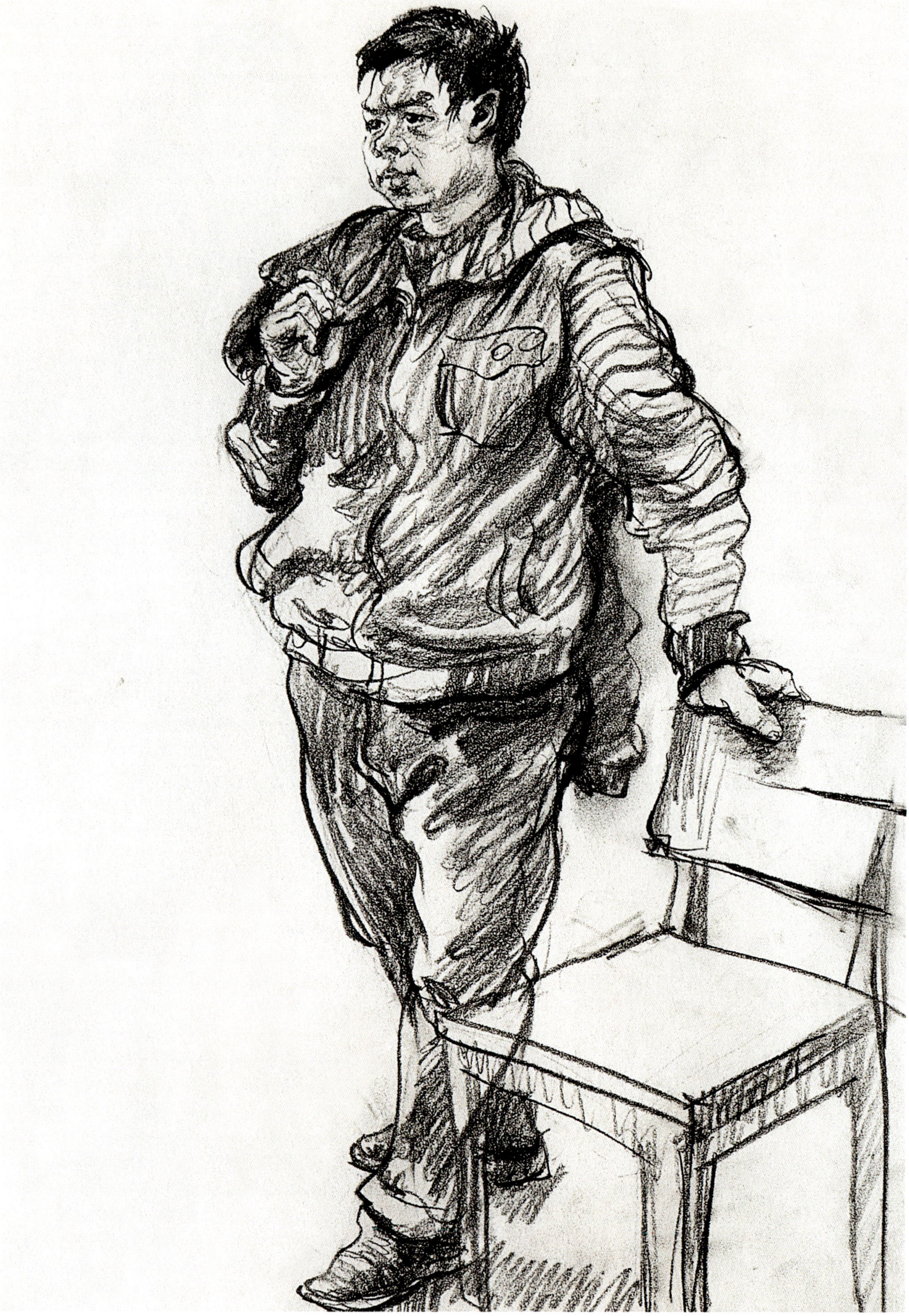

优秀试卷　艺术设计 工业设计 动画

Super Papers: Design, Industrial Design & Cartoon

优秀试卷 　艺术设计 工业设计 动画
Super Papers: Design, Industrial Design & Cartoon

1*画面构图较完整，大的人体比例关系较好，运用线面结合的方法使画面具有厚重感，画面气氛营造得不错，大的结构点能够自觉地控制，画面整体性较好。线的运用略显不太讲究，中间人物的动态比例要多加注意，画得要舒展一些为好。

2*构图较完整，画面比较严谨，人物比例略显长，但不影响整体效果。整体的结构关系比较准，神态刻画到位，整体动态舒展。在线的运用上技法多变，上半身运用了短线、密线，下半身运用了长线，富有节奏感，虚实线运用得当。脚的透视处理得不错，刻画手的时侯多研究结构，画面的整体感会更强。

3*构图没有太大问题，人物比例略有些夸张，人物的大体结构都能抓住重点，技法熟练大胆，画面具有流动感，概括性较强，富有激情，大感觉非常好。线面运用较自由，如细节刻画再加强一些，整体比例再舒展一些，应是不错的考卷。

4*运用线条勾勒塑造人物形体，生动自如，有一定表现力，特别是上半身结合衣服细节的描写表现出身体结构，较为生动。持重腿（左腿）与放松腿（右腿）关系处理稍差。

5*此幅作品整体比例准确,线条流畅,用笔果断不拖沓，富有节奏感，虚实处理得当，头部处理也很生动，可以看得出作者造型感不错。

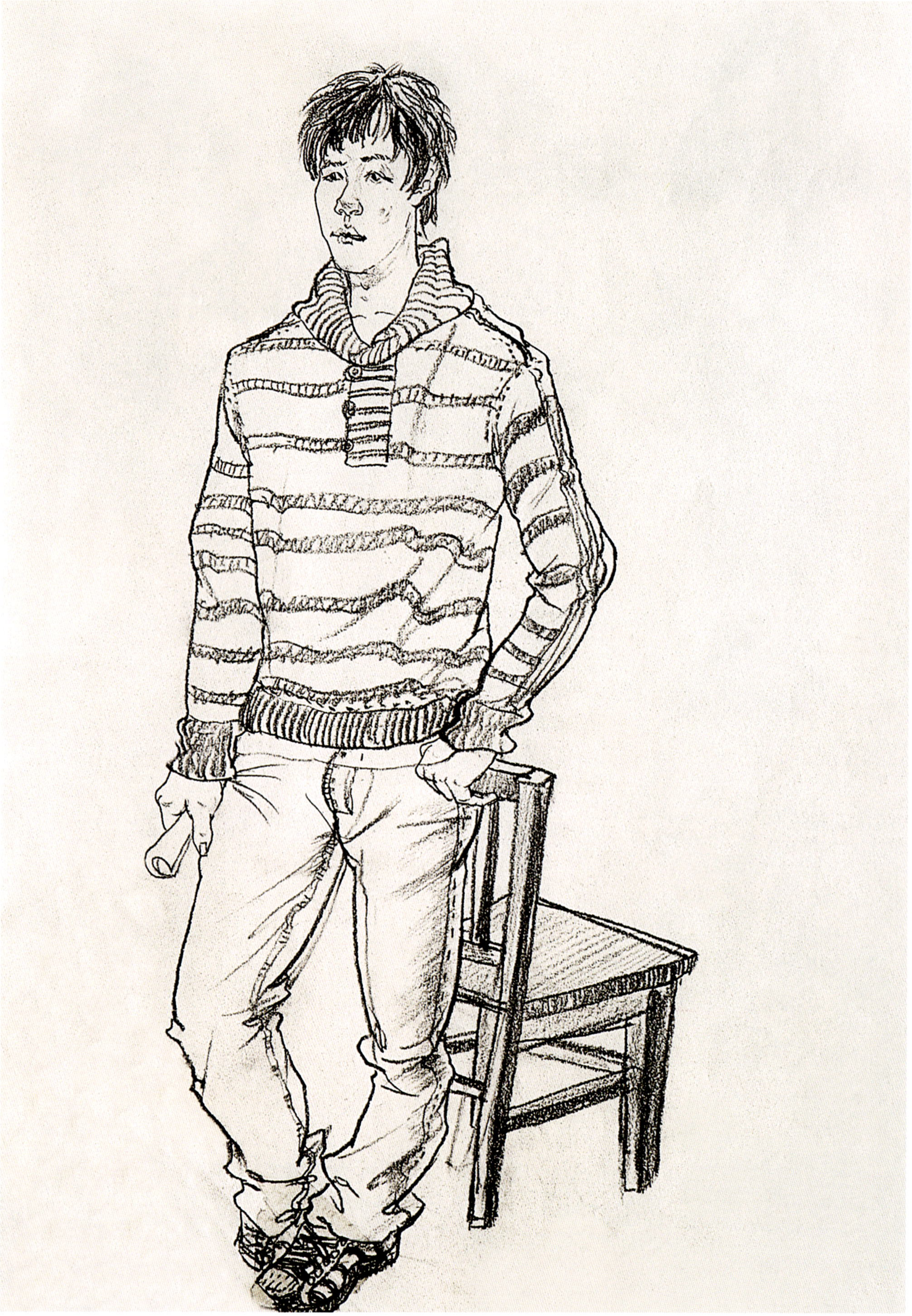

优秀试卷　　艺术设计 工业设计 动画
Super Papers: Design, Industrial Design & Cartoon

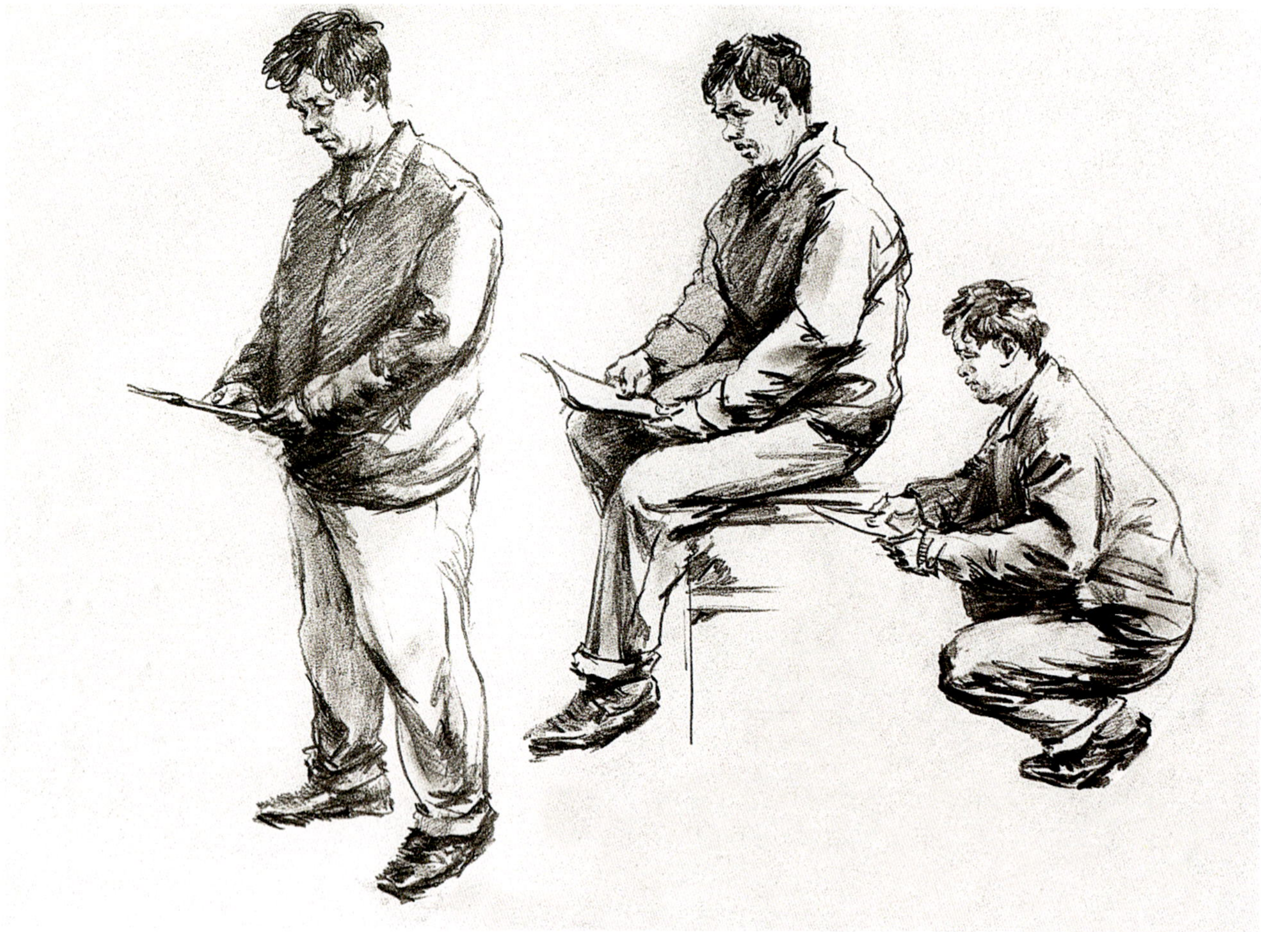

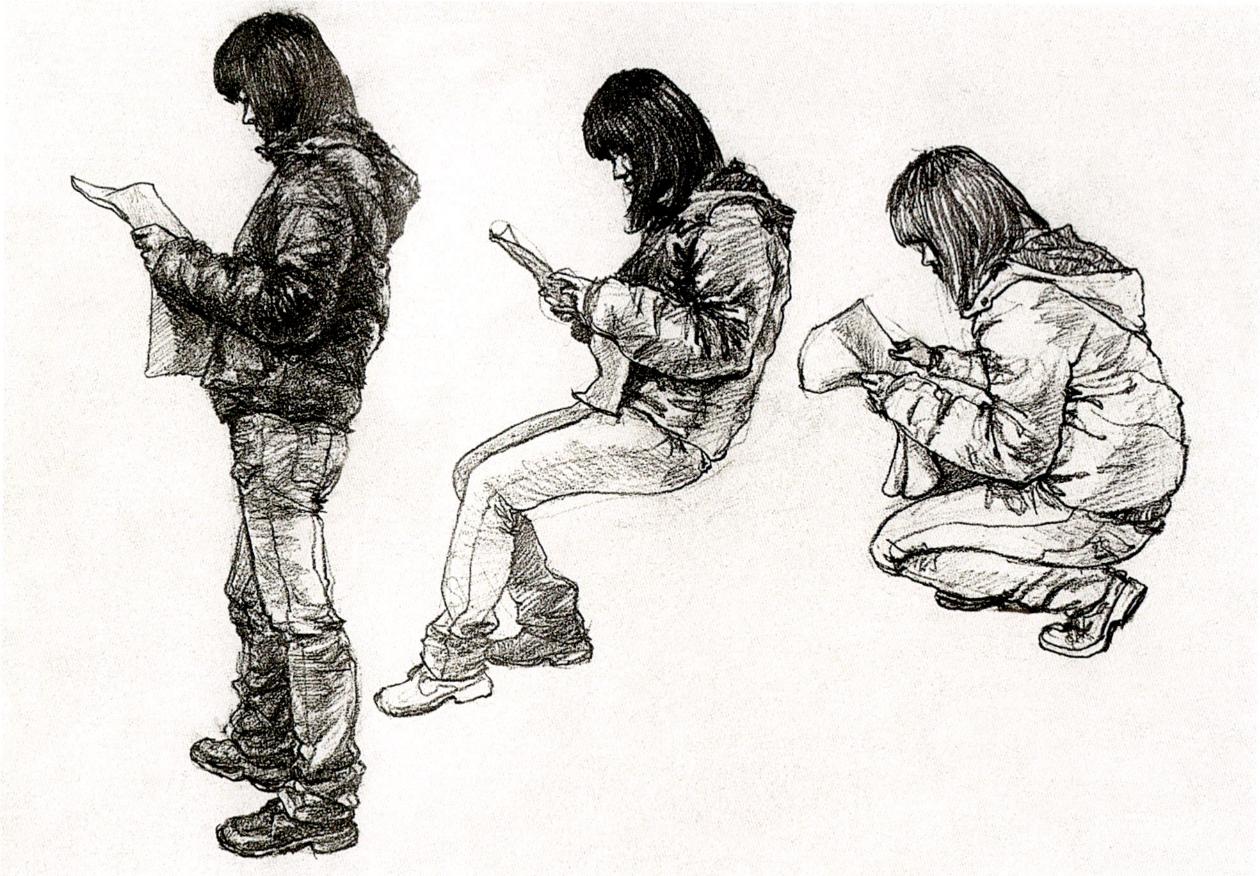

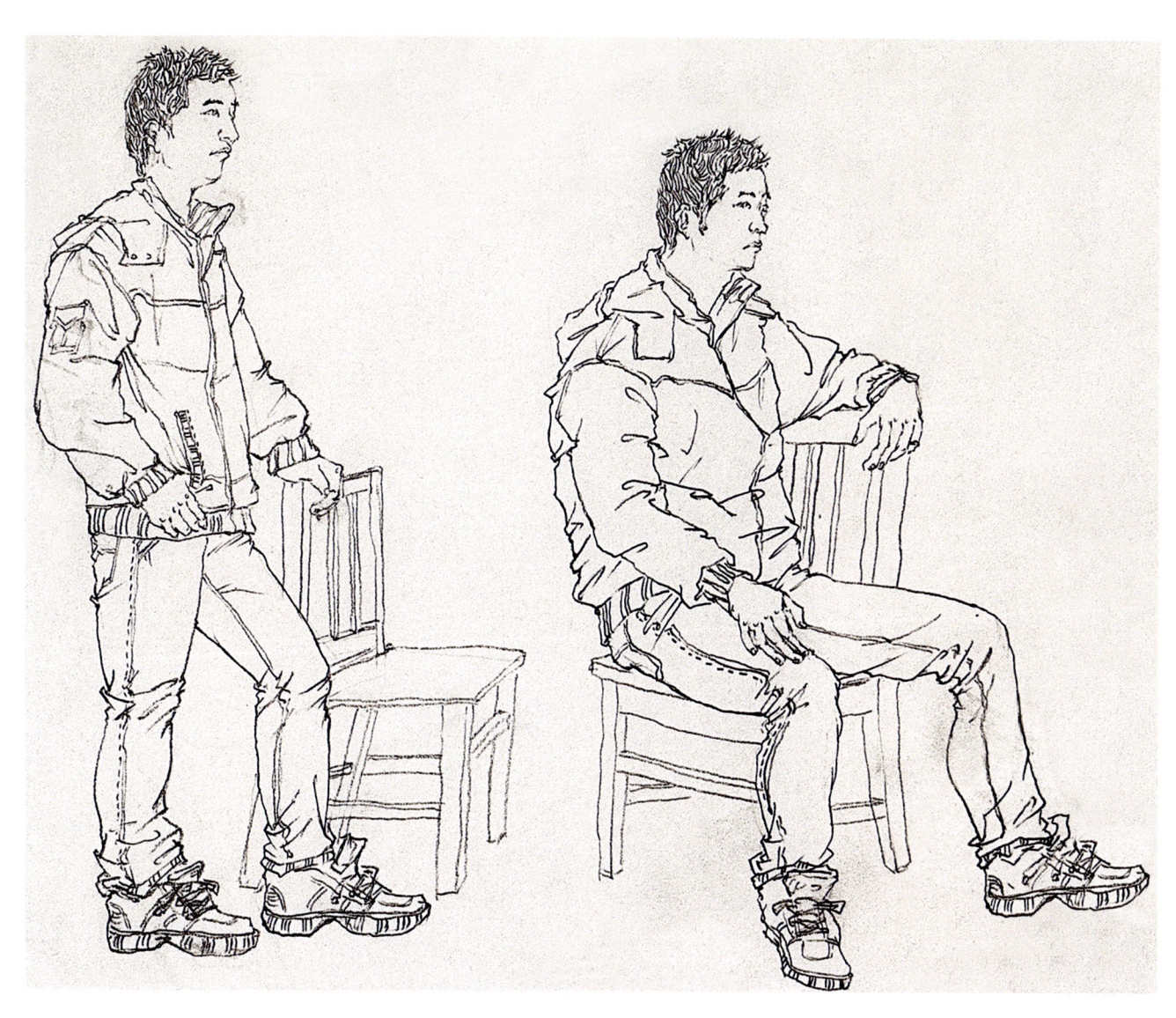

1*构图没有明显问题，站立的人物比例关系较好，人物整体的结构点都有，局部的刻画还可以，人物的动态和神情能认真地反映出来，运用线面结合的方法产生逆光感觉，有较强的空间感。线面运用如再讲究些，技法再熟练些，画面的整体感要比现在完善。

2*画面整体气氛不错，构图完整，人物大的比例关系处理得很好，动态生动，重心稳定，画法具有层次感，结构严谨但不失灵动，运用虚实线组织画面，使画面丰富活跃，疏密线组织到位，上紧下松，一张一弛。如细节刻画再严谨些，不失为一张好的试卷。

3*整体构图不错，大的比例关系较为舒展，重心稳定自然，整体结构严谨，局部结构刻画认真。运用了单实线的表现技法，具有一定的难度，每条线不能出现明显的不足。线的组织疏密得当。如画面再生动、自由些，就能改变刻板的状态。

4*人物刻画比例正确，站姿把握较好，人体重心位置基本正确，但人物左腿（持重腿）处理稍显不足。

5*运用线条勾勒塑造人物形体，比例正确，动作生动准确，有一定表现力，特别是头部、右臂及大腿膝关节等处描绘得深入细致。但肩部由于描绘搭载衣物而影响到头肩关系、肩部与腰部关系的表现，有不舒服的感觉。

1	
2	3
4	5

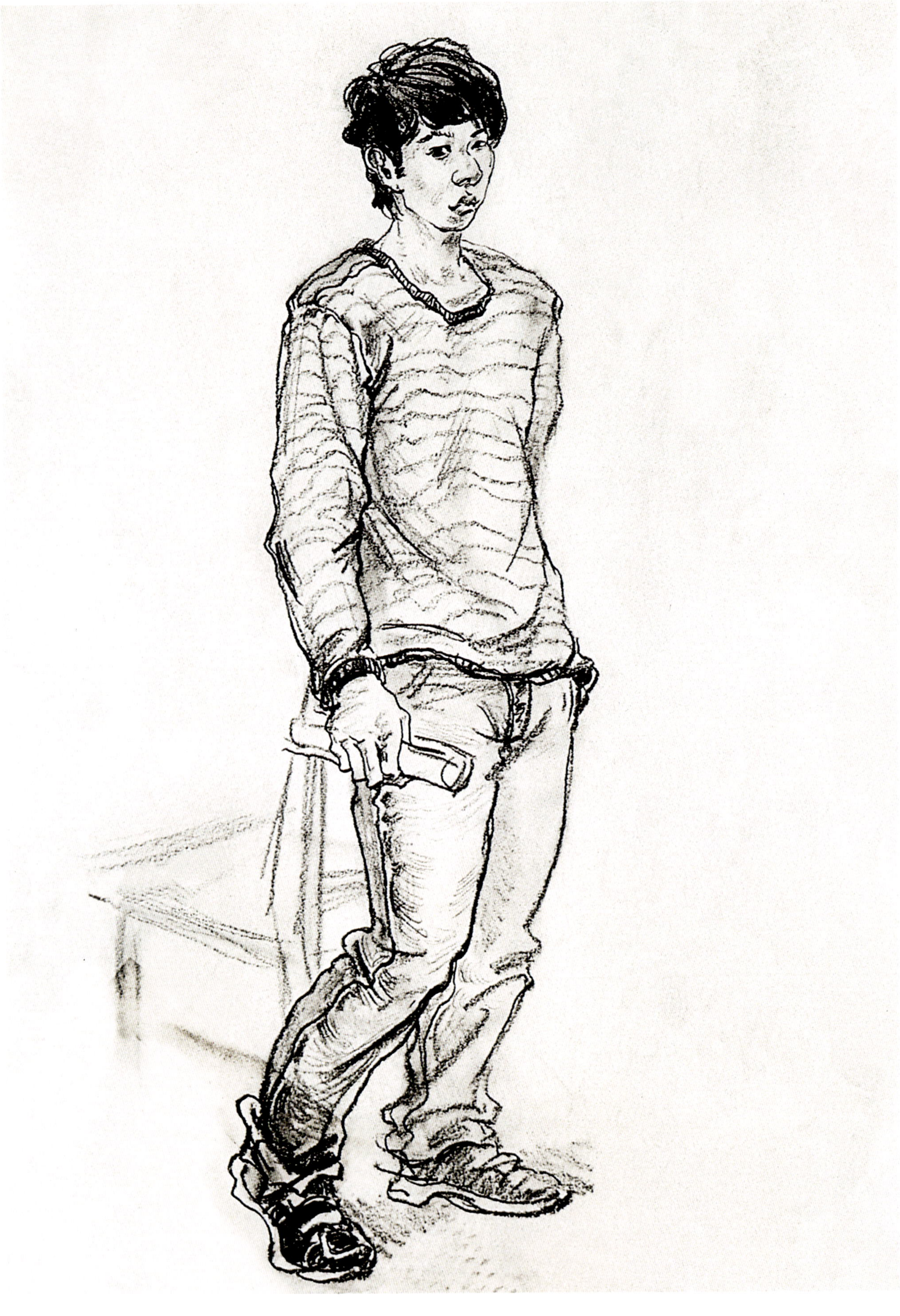

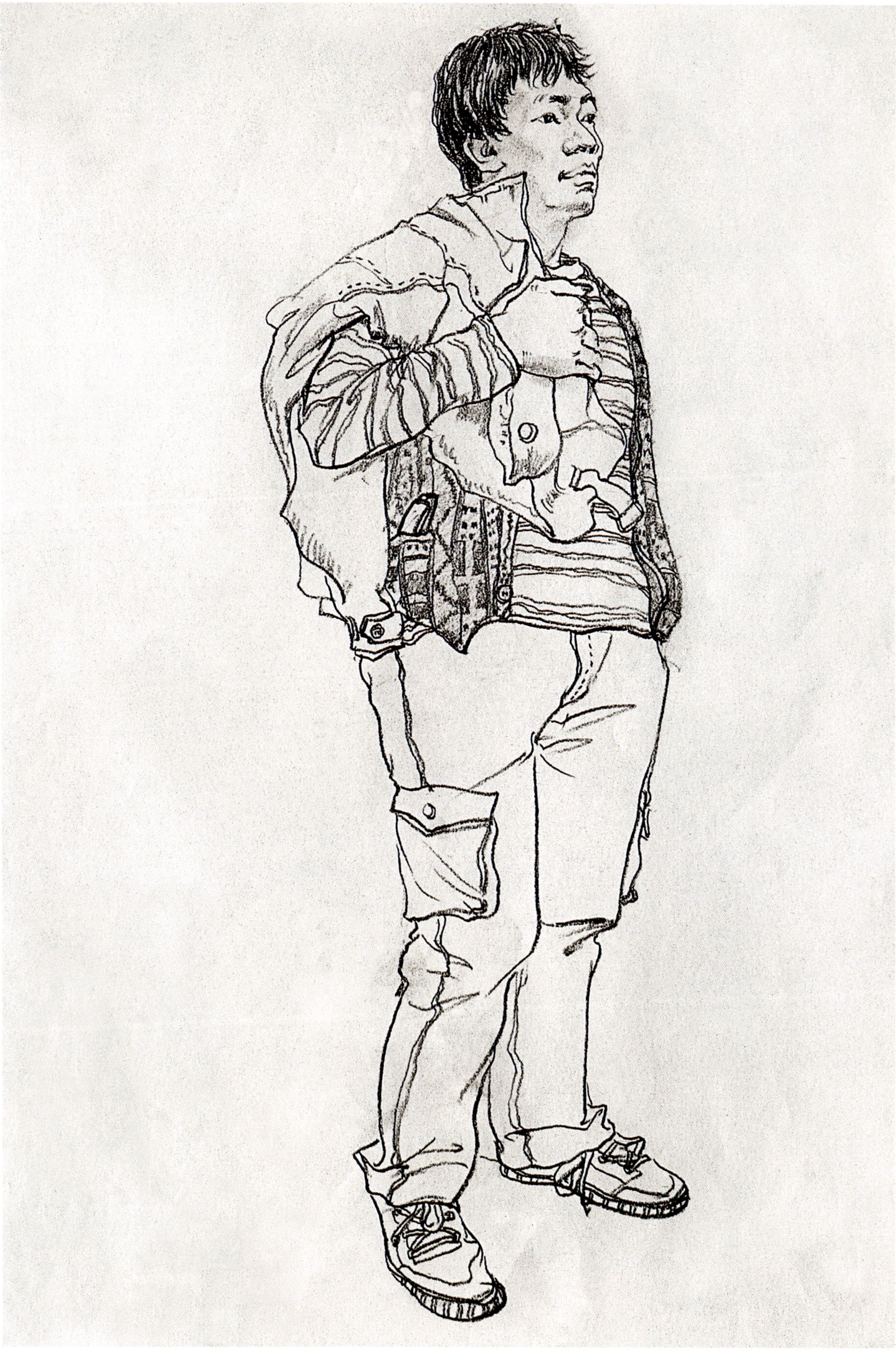

优秀试卷　艺术设计 工业设计 动画

Super Papers: Design, Industrial Design & Cartoon

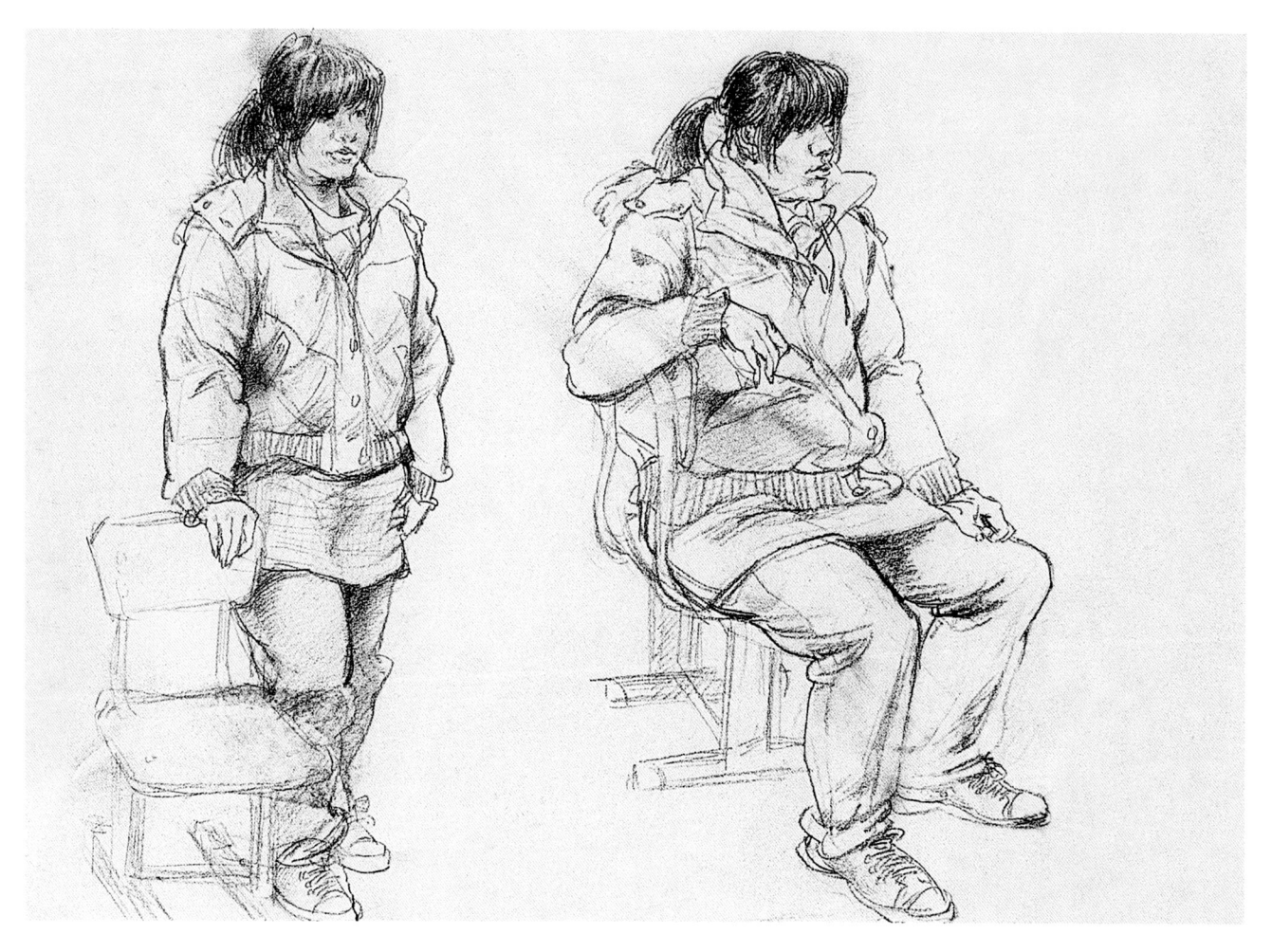

1*构图比较完整,人体的比例没有太大问题,动态的曲线强调突出,重心稳定,画法比较严谨,整体的结构点都能重点强调,在线型上强调用重点有力线,加强结构和形体,画风比较稳健。如注意线的组织和穿插变化与线型的灵活,画面会上一个台阶。

2*构图基本上还可以,大体比例没有太大问题,人物的整体结构点都能从画面中反映出来,画得比较中规中矩。如动态再突出一些,线型再放松一些,头和脚的比例再准确一些,线的穿插再经进一步的研究和归纳,将会更好。

3*构图非常饱满,人物整体比例关系舒服,大的动态和重心画得比较到位,画法比较放松,画面富有灵动感。虚实线处理得恰到好处,用重点的粗线、实线强调结构,使画面具有比较生动沉稳的感觉。如注意对脸和手的细微部分的刻画,效果会更好。

4*人物速写比例正确,画面整体布局安排较好,人物重心及姿态把握基本正确,运用线条与简单明暗调子塑造人物动作显得轻松自然。但手臂膝关节等处在通过准确刻画衣纹来间接表现人体结构方面稍显不足。

5*速写人物比例关系正确,人物重心安排也比较好,整体画面运用线条造型生动有力。右边放松侧膝关节及小腿处理稍显不自然。

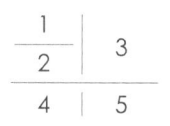

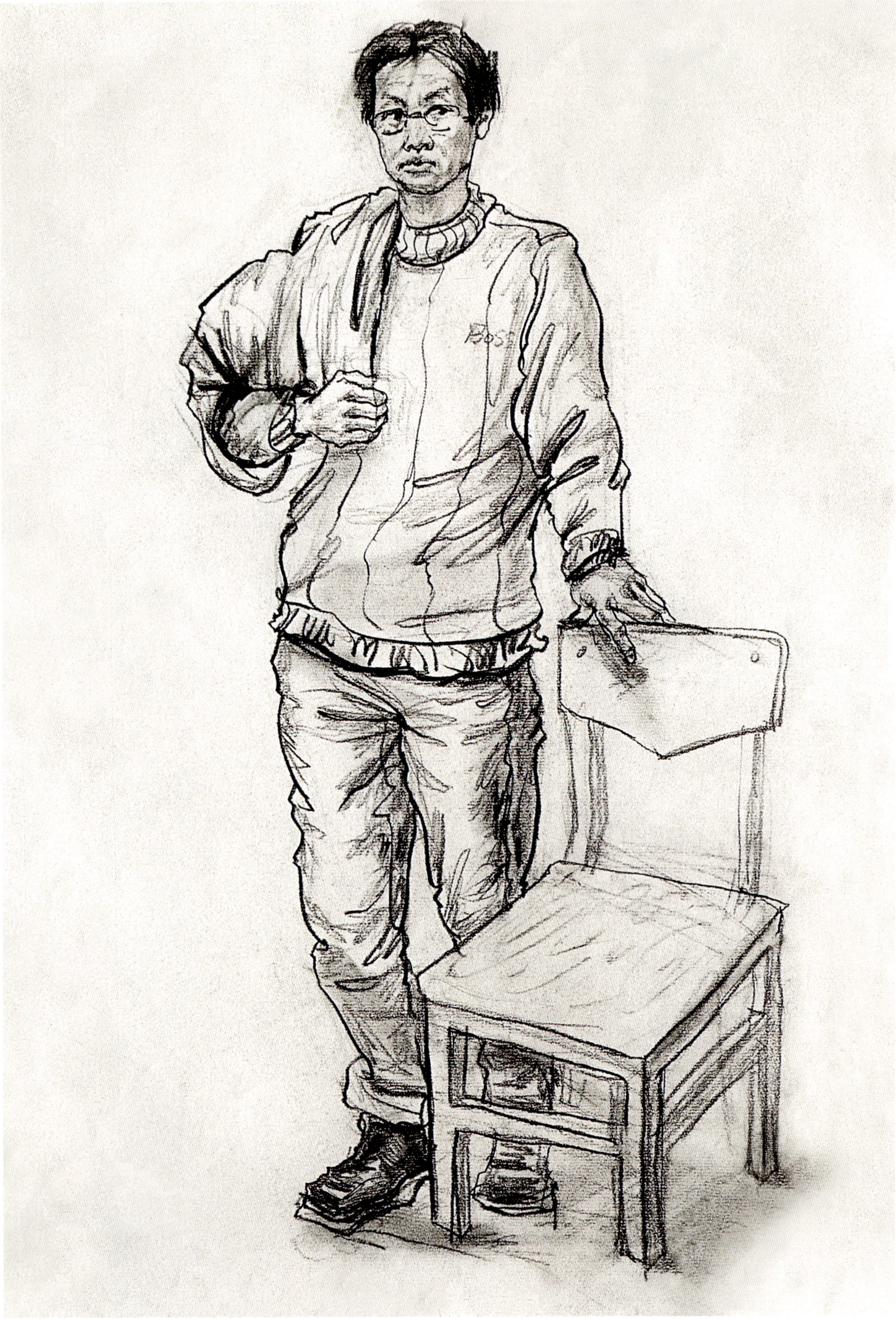

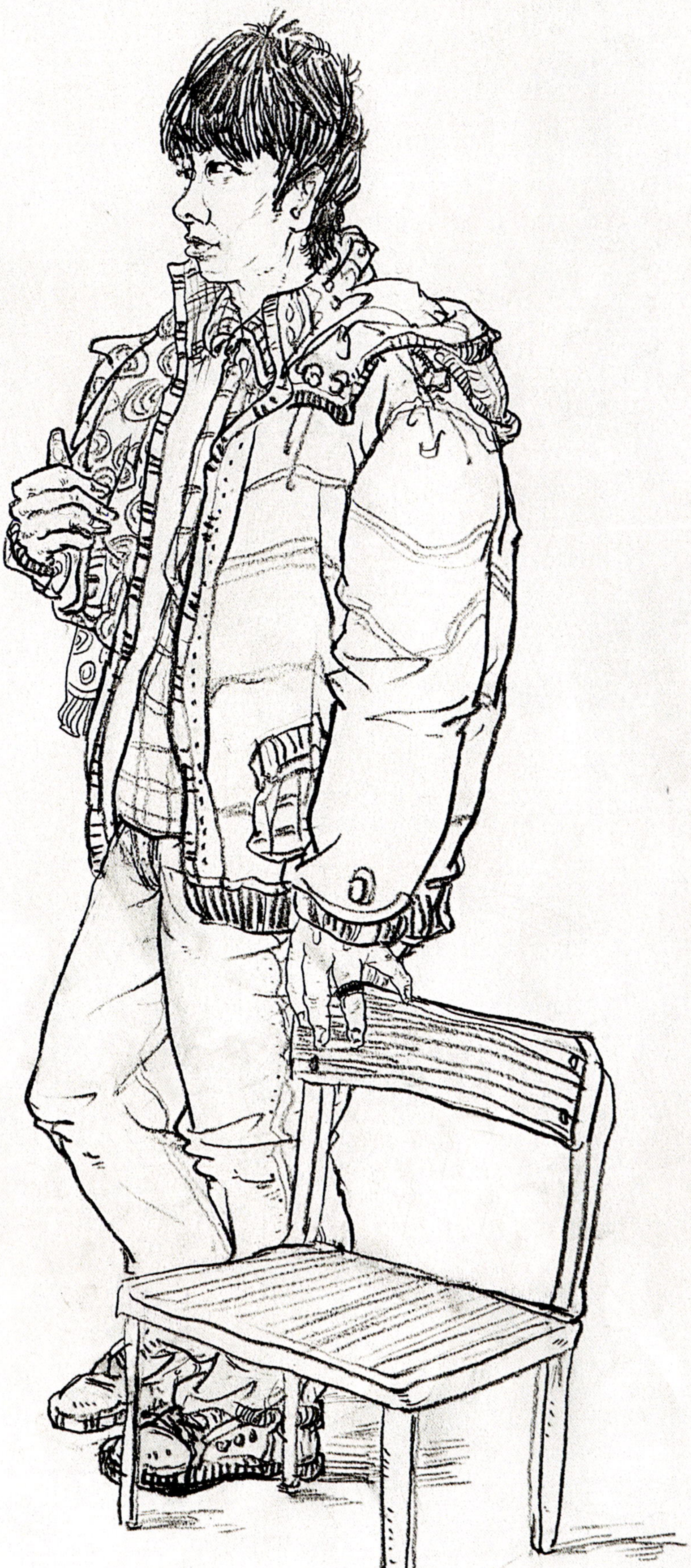

优秀试卷 艺术设计 工业设计 动画

Super Papers: Design, Industrial Design & Cartoon

1*构图比较完整，比例关系比较舒展，基本动态比较生动，人物整体结构部分都有重点的加强和刻画，用笔灵动细致，画法紧中有松，用线面结合的方法产生虚实和光的空间感，用线非常肯定，实线和虚线结合运用非常熟练，若注意头部和全身的比例关系，会使整个试卷提高一个档次。

2*整体构图没有太大问题，基本比例也能掌握，画得比较认真，局部结构上投入比较多的精力，整体效果比较丰富饱满，如果大的结构位置再准确些，线的运用再概括归纳得整一些，效果要比现在有进一步的提升。

3*构图比较紧凑，画法严谨，整体比例比较准确，每个结构位置都有意识地强调，在细部刻画上非常认真，实虚线结合处理得比较好，穿插到位，画面稳重，如注意强调人物大的动态，再画得灵动一些，画面效果会更好一些。

4*人物速写运用线条及简单调子光影进行刻画，人物生动自然，体现出该同学在人物塑造上有一定功力，但个别部分尚存不足，如人物面部透视稍显别扭。

5*运用线条塑造人物形体，人体比例正确，姿态生动，有一定力度。特别是整幅人物速写都置于四分之三侧面角度，这一点在作品透视运用上十分清楚明晰，体现出该同学观察力与表现力较为突出。

优秀试卷　艺术设计　工业设计　动画
Super Papers: Design, Industrial Design & Cartoon

优秀试卷　艺术设计 工业设计 动画
Super Papers: Design, Industrial Design & Cartoon

优秀试卷　艺术设计 工业设计 动画

Super Papers: Design, Industrial Design & Cartoon

1*该考生采用以线为主的表现形式，线条洗练而肯定，并且有很强的概括能力。人物的结构、比例、神态准确生动，站姿与坐姿都表现得比较到位，具有自己的速写表达风格，如果能再注意线条的疏密组织和节奏变化会有更好的画面效果。

2*整体构图没有问题，大的比例有所夸张，有意强调了动态，人物整体结构和局部的结构都能认真地刻画。技法上主要是单线加辅助线，穿插得还不错，如再注意一下松紧和疏密的变化为好，有些结构点还要画得更准确些，注意上肢的透视问题。

3*构图处理较完整，中间的人物比例结构较为舒服，线型比较流畅，下笔准确肯定，技法较熟练。要注意细部的刻画，再严谨些。其他两个人物要注意比例关系。

4*该速写运用线条结合简单调子进行人物塑造，体现出该同学有一定造型功力，人物比例正确，动作舒服，但同样由于专注于表现处于右肩的衣物，右肩部分的表现受到影响。

5*人物姿态生动自如，运用线条配合简单调子处理显得生动有力。个别细节处（如关节、手）稍显粗放，尚需进一步刻画，脊背部刻画不舒服。

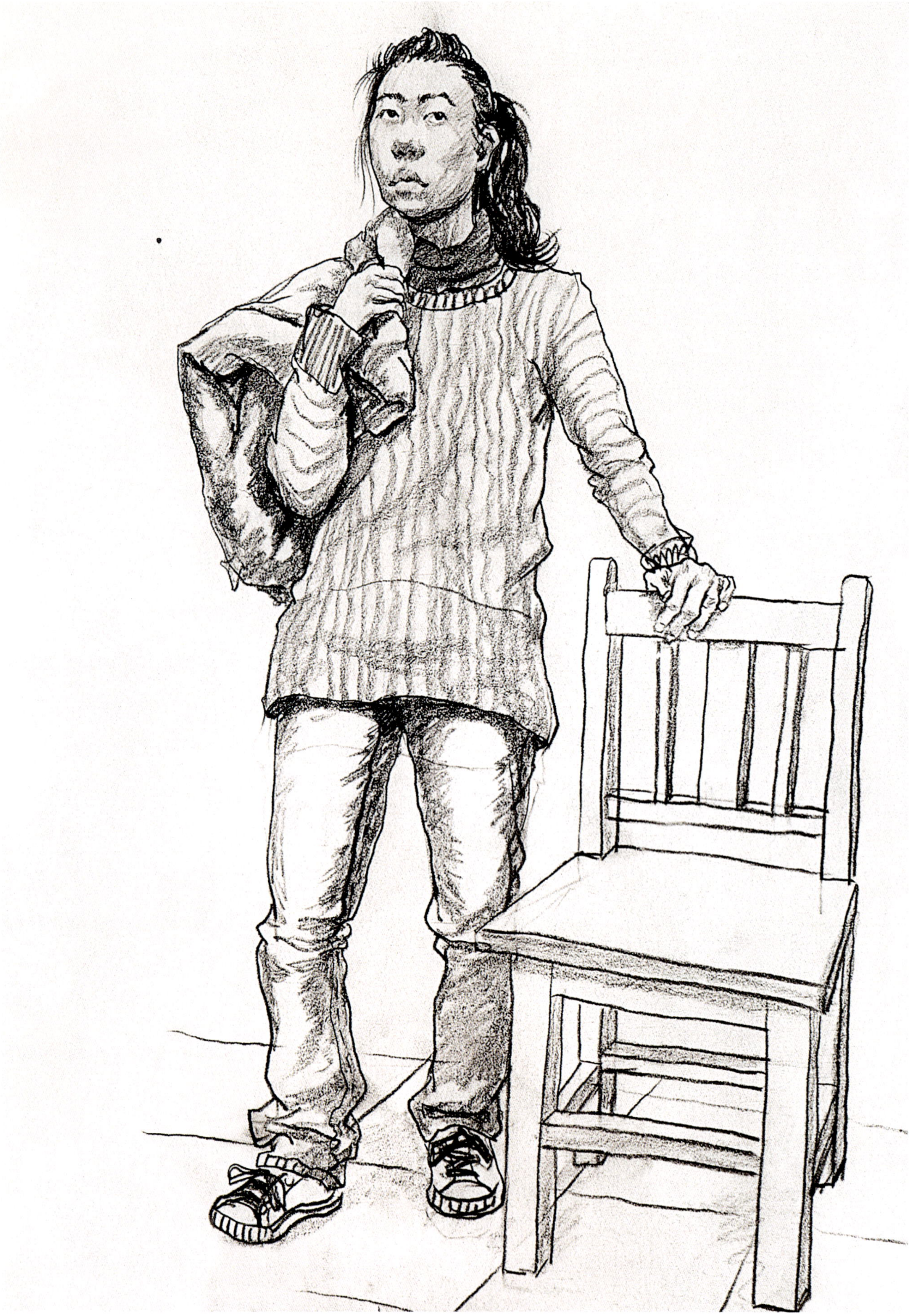

优秀试卷　　艺术设计 工业设计 动画

Super Papers: Design, Industrial Design & Cartoon

优秀试卷　艺术设计　工业设计　动画

Super Papers: Design, Industrial Design & Cartoon

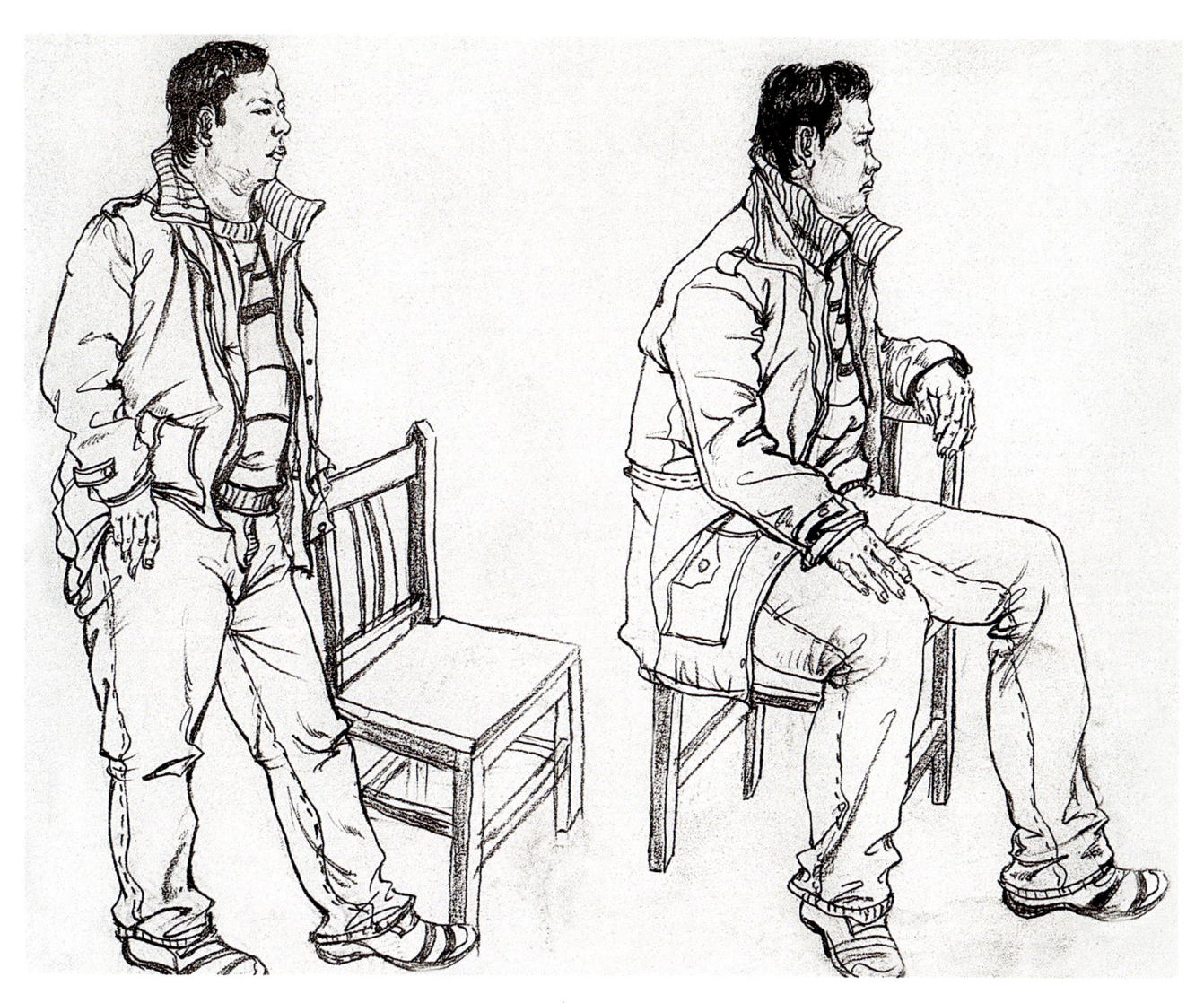

1*画面整体效果强烈，黑白关系明确响亮，很有光感，造型准确生动，层次分明，心熟于画。

2*人物造型结实严谨，体积感塑造得较好，画面表现丰富。右侧两人用线自然、轻松、流畅，一气呵成。站立者略显拘谨。

3*画面具有节奏感，用笔用线肯定果断，对衣褶的处理精细准确。

优秀试卷　　艺术设计 工业设计 动画

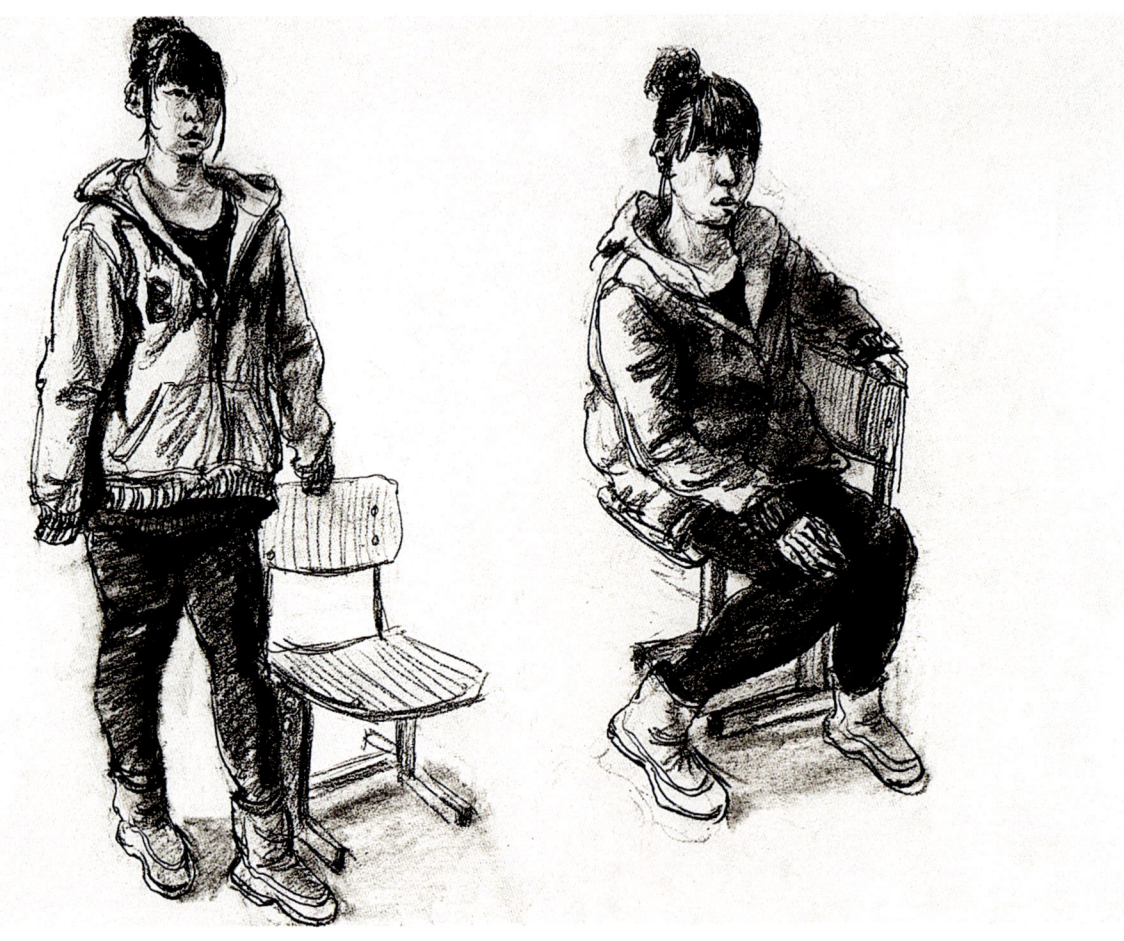

Super Papers: Design, Industrial Design & Cartoon

1*此考生能力较强，具有自己的风格。画面气氛生动，线的穿插叠压到位，富有节奏感，以线造型但不失体积，看似潦草但不失细部。

2*卷面朴实厚重，黑白对比强烈，利用灰笔涂抹、擦的手法使画面整体且有力度。欠细部的表现处理。

3*人物表现得轻松自然且不失严谨，画面层次分明，虚实得当，各得其所，特别是衣服的处理体现了对画面的控制能力。

优秀试卷　艺术设计 工业设计 动画

Super Papers: Design, Industrial Design & Cartoon

1*这是一张以线造型的速写。用线准确细致，了解内部结构与外在的关系，线的虚实处理有方，形态略显呆滞。

2*动态与表情生动，用线松动流畅并合理运用线的虚实变化，线面结合得当，画得得心应手。

3*调子与形体的转折结合处理得较好，动态与重心把握得也不错。蹲坐两人表现得放松而严谨，站立者略显概念化。

优秀试卷　　艺术设计　工业设计　动画

Super Papers: Design, Industrial Design & Cartoon

1*这幅速写试卷整体感觉线条流畅，富有一定的节奏感和韵律感，并能通过线条的粗细变化和衣纹的组织处理来体现内部的形体结构和外部的形态特征关系，三个动作的人物造型比例也较为准确舒服，但模特的神情有些呆板，缺乏生动性。

2*画面中三个人物的动作表现得较为舒服，比例、结构较为合理，线条与明暗的结合还算到位，黑与白的对比关系较强。站姿的动态很好，重心稳定，表现较为充分。坐姿的腿部较整体人物的比例略长，肩部的结构不够准确；蹲姿的腿部处理得不是很清楚，并有仓促之感。

3*该考生采用以线为主、略加明暗的表现手法，人物造型、结构、比例准确生动。模特的神态、画面的效果也比较舒服、自然。衣纹的组织和衣服的质感处理得当，尤其是站姿的人物刻画细致充分，头、胸、腰、骨盆及四肢的结构关系表现得比较准确、舒展。只是两个人物的手脚处理略显不足。

优秀试卷　艺术设计　工业设计　动画

Super Papers: Design, Industrial Design & Cartoon

1*该考生采用明暗为主的表现手段，使得画面的体积、团块、黑白的感觉很强，具有较强的视觉冲击力。站姿的造型、结构、形态的感觉较好，只是左臂的透视有点问题，略显短小。坐姿的头、颈、肩、胸、臂的关系处理得当，舒服自然。蹲姿画得有点仓促，并且腿的结构不够清晰。

2*这幅速写试卷，主要是以"线"的手法来表现人物的造型，结构、比例、姿态生动准确，舒服自然。并以衣纹的组织和线条的粗细、轻重来表现内部形态特征和衣服的质感。站姿与坐姿两个人物的神情、头、颈、肩、腰、臀与四肢和手的比例关系刻画得合理得当，是一幅优秀的"线"结构速写试卷。

3*用线自然流畅且有力度，线的疏密关系富有节奏感，用笔洒脱自然。但局部的刻画有些简单概念。

艺术设计 工业设计 动画

1*这幅速写画面气氛清秀淡雅，采用线与明暗相结合的表现手法，使人物的塑造层次更加丰富充分。站立的动作整体效果尚可，但腿的处理不太舒服，还欠推敲。蹲姿大的比例结构较好，但胳膊、手与衣服的关系刻画得不够确切。坐姿的结构、比例，以及头、颈、肩、手的关系表现得比较到位，动态舒展、自然。

2*画面的整体效果较好，人物的造型、比例、结构尚可，三个动作站、坐、蹲的姿态表现也比较到位，尤其是坐姿的动态舒服自然，腿和脚的处理更加巧妙。但是三个人物手部刻画得不太理想，有些欠缺。

3*该考生采用以线为主略加明暗的表现手法，画面层次丰富，虚实得当，轻松自然。三个人物的动作、姿态、神情、比例表达得也比较准确、生动，特别是站姿和坐姿的刻画更加精彩。如果在某些局部的结构处理上再肯定和清晰一些效果会更好。

优秀试卷　艺术设计　工业设计　动画

Super Papers: Design, Industrial Design & Cartoon

1*这幅速写试卷以线为主表现三个动态的人物造型。站立的速写用线很好地表现了人物的结构关系,特别是关节部位通过衣纹来体现内在形体,但重心有些不稳。右边脚在站立时应与颈窝在一条垂线上,这样可解决重心问题。其他两个动态较站立人物画得更好一些,坐与蹲的动势及基本形态画得不错,衣纹的组织也很有节奏感。

2*三个动作的速写人物画得还比较协调。站立的动态速写重心处理得很好,人物比例较为合理,头、颈、胸及骨盆、四肢关系通过线条的变化、衣纹的组织把其内在结构体现出来,画得较为轻松。坐姿的人物速写大的基本形还可以,关节处的结构变化都能交代得很结实,看得出来考生是带着感觉来画的。但胸部的表现及胸与腰部连接关系还欠妥。蹲姿人物好像由于时间比较短,画得较为急躁些。

3*这幅速写画得比较规矩,基本用线造型,很"老实"地把三个不同动态人物表现出来。站立速写大的比例还不错,动态也基本体现出来,但线条画得较死板,缺乏表现性。坐姿与蹲姿的形体起伏空间关系画得很好,特别是要把模特真正画成"坐下来"、"蹲下去"很不容易。

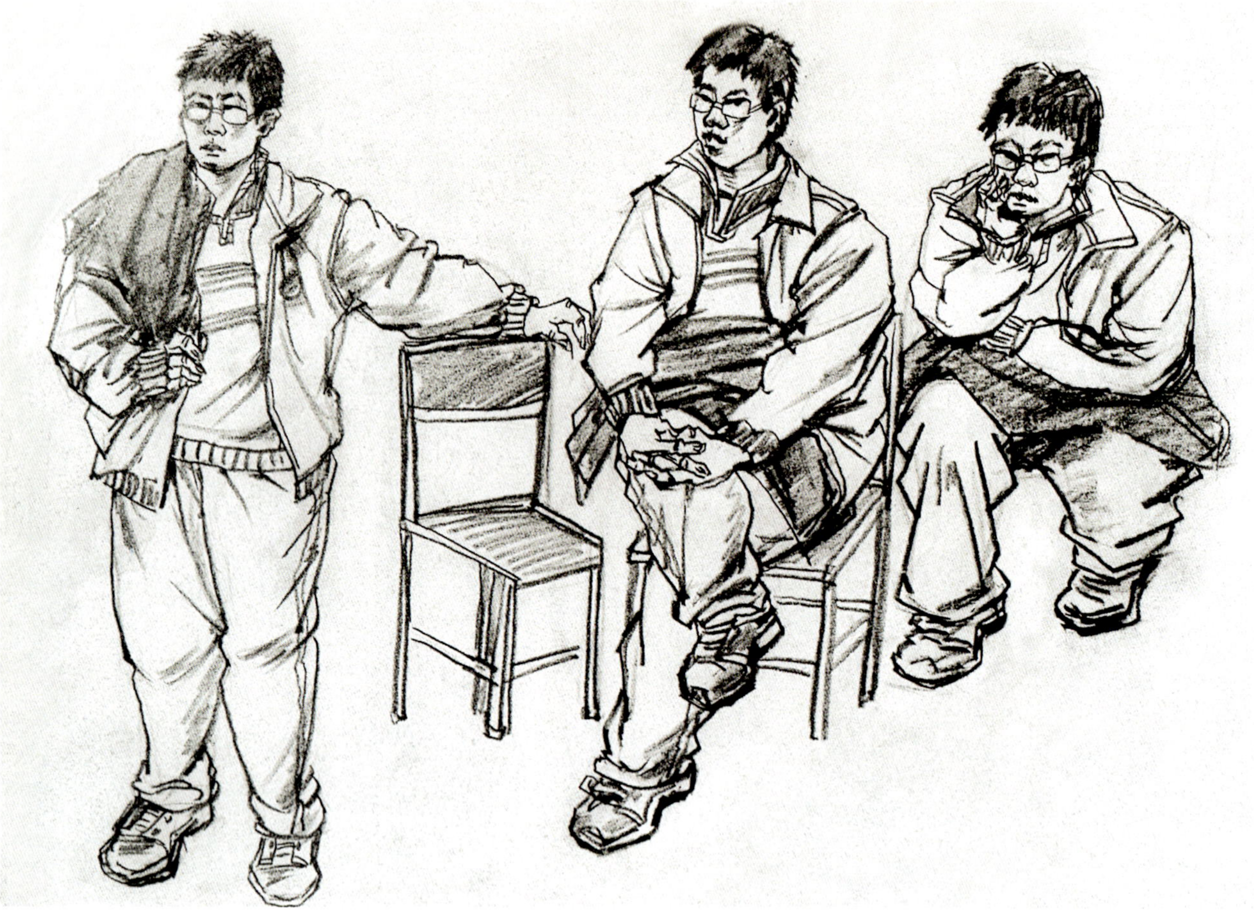

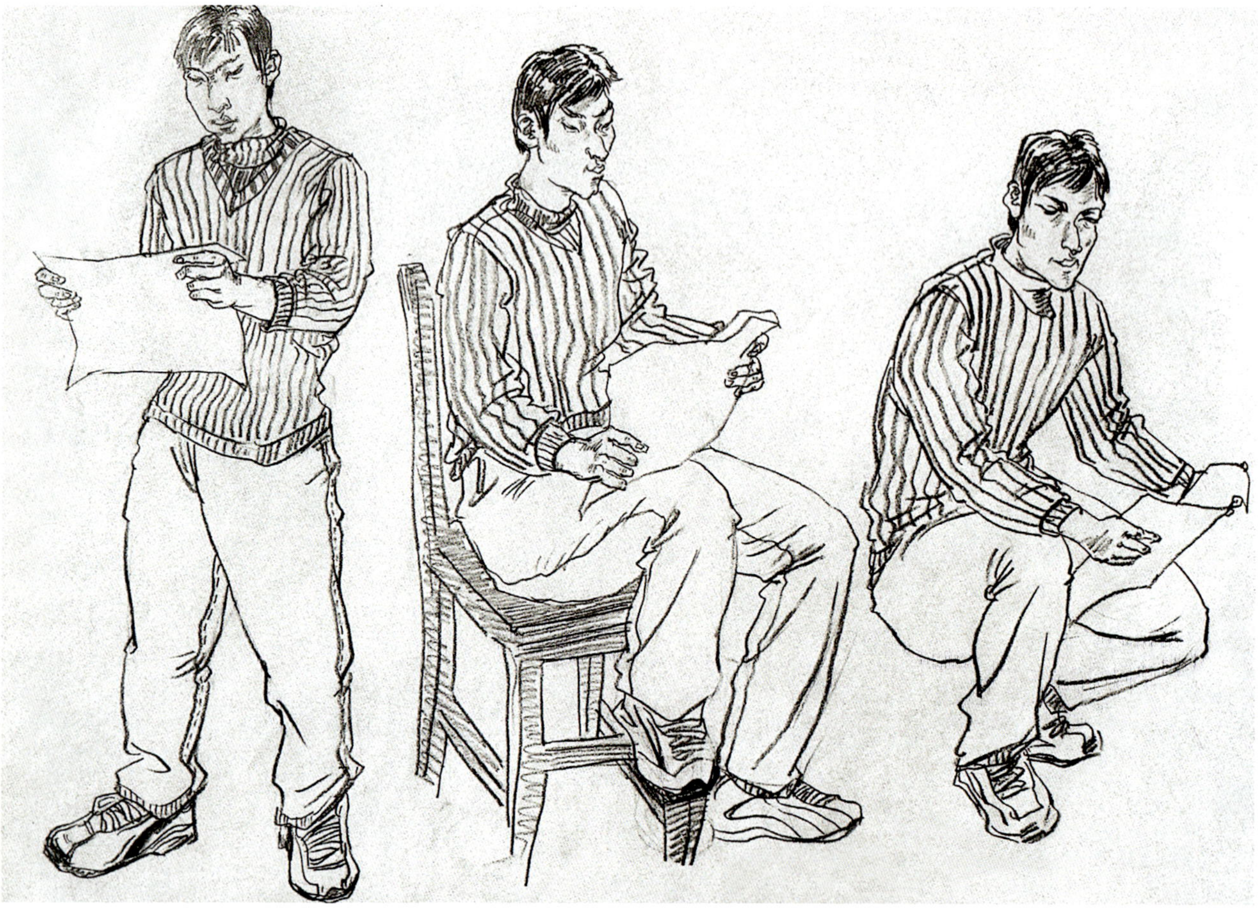

1*整体的比例、动态、结构关系较为准确，用线大胆而肯定，同时结合侧锋用笔作为辅助效果与结构线结合使画面更有节奏感。站立的动态和坐着的动作速写整体效果较为协调，但椅子的比例与透视还有些问题。蹲着的人物由于时间原因画得不是特别准确，特别是右腿的透视关系没有体现出来。

2*三个动作的人物画得很协调。动态、基本形、人物的结点都画得很到位，用线大胆肯定而且有疏密变化，经过组织的衣纹很有节奏感。站立的动作速写通过明确的线条，很准地把人物的结构关系等表现出来，形态有些夸张但较为舒服。坐姿动作上半身较为正常，但腿部可能考生有意夸张比例关系，使得上下连接得不是很整体。

3*这是一幅很好的速写试卷，三个人物的形态抓得很准确，通过线条体现出来的画面整体效果非常强烈生动。线条有方有圆且用笔明确，形与形、线与线之间的结构关系非常严谨，每个细节的变化也交代得很清楚，很有速写的表现性和味道。特别是蹲着的动作速写画得更为精彩，如头、颈、肩、胸、臀部的动态关系，手的细部处理，这些都能体现考生的速写素养。

优秀试卷　艺术设计 工业设计 动画

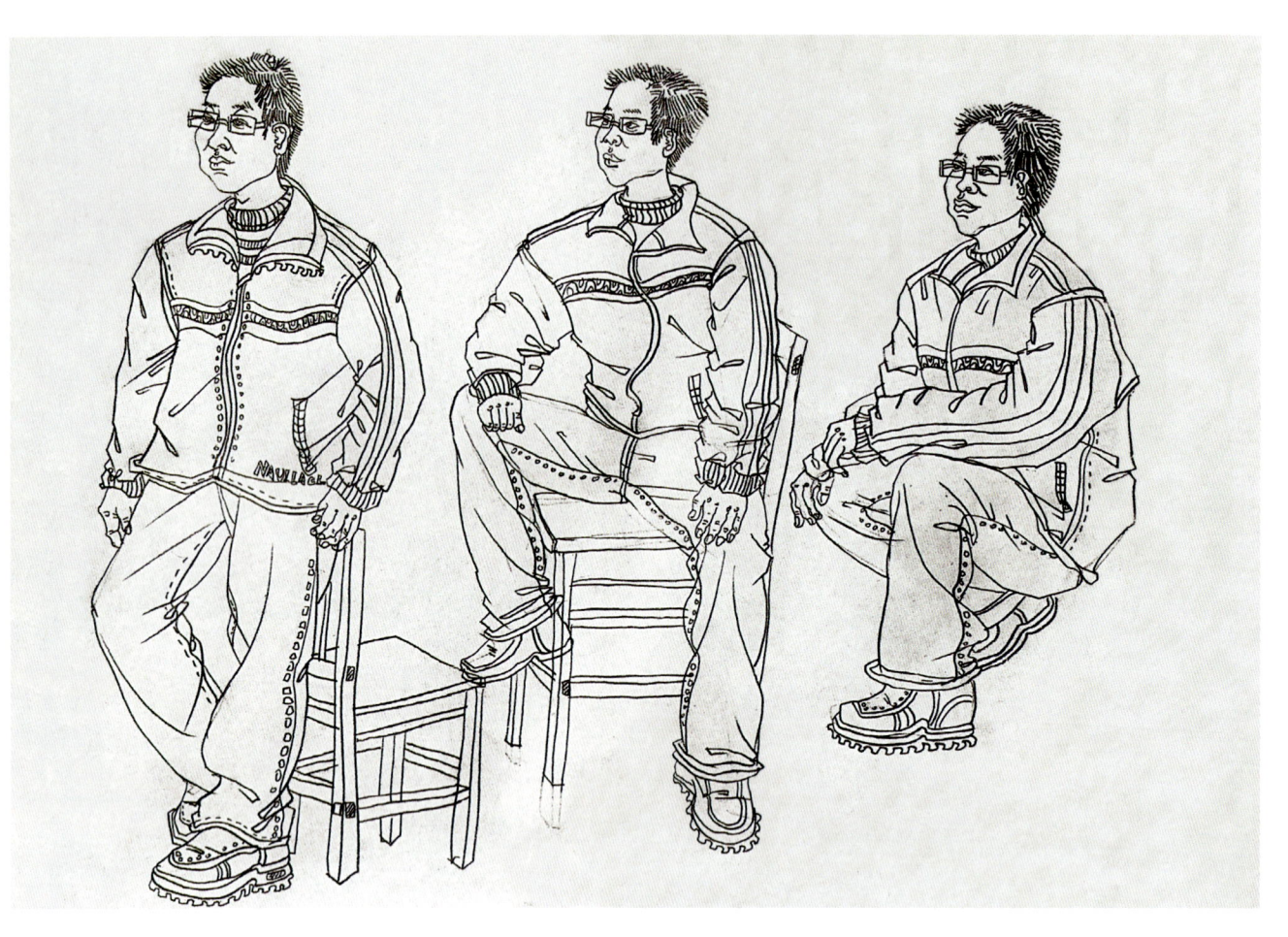

Super Papers: Design, Industrial Design & Cartoon

1*此速写画面用线肯定，基本功扎实，造型能力较强。考生有较强的画面控制能力。唯一不足的是，站立的人物头部有些大，人体比例稍欠准确。

2*此速写用线洗练，造型准确。画面用线疏密有致。但在画面构图的安排上略显不足。

3*这幅速写试卷在表现手法上以线为主，并辅助调子明暗，这样增加了画面的生动感。站立动作画得大体可以但动态不是很自然，尤其是左腿的动作有些僵硬。坐着的动作画得还较为舒服，但两腿的交叉关系还需要交代得严谨些。手的塑造也很重要，包括两只手的交错关系。动作协调合理，只是蹲姿的动作中，腰和臀的关系处理得有点短小，略显欠缺。

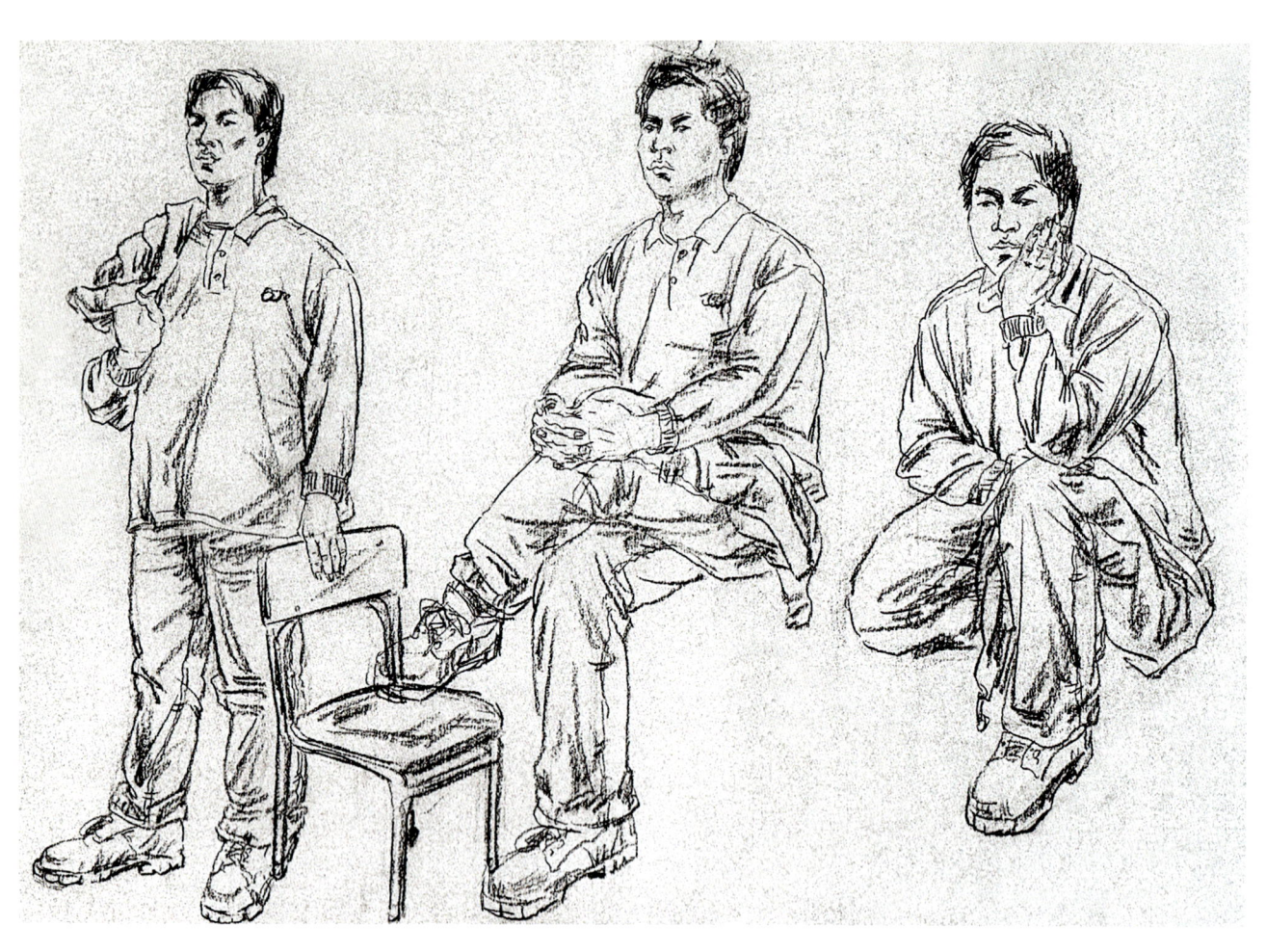

优秀试卷　艺术设计 工业设计 动画
Super Papers: Design, Industrial Design & Cartoon

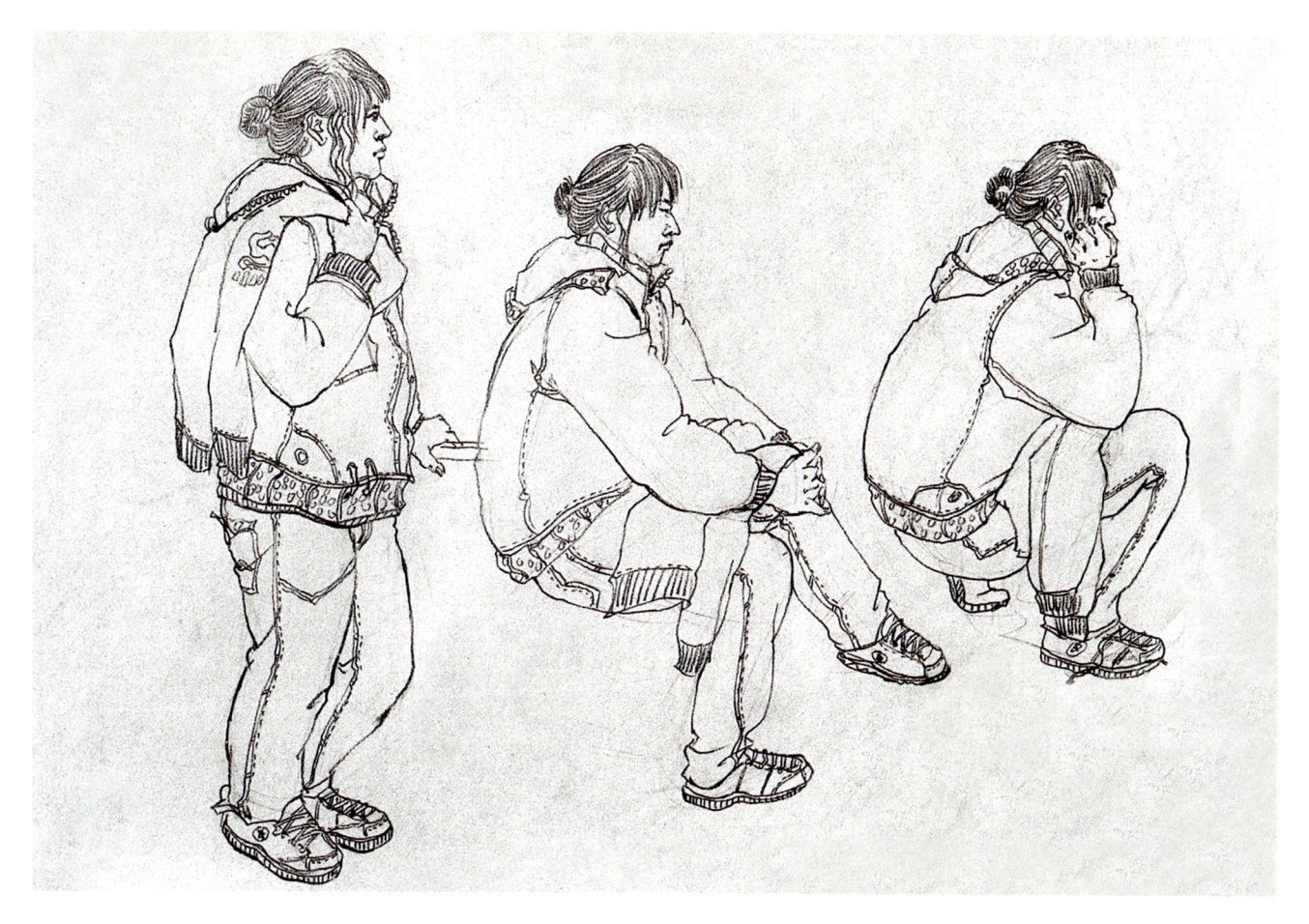

1*考生用笔肯定、简练。以线的造型为表现语言，人物形体比例及结构关系准确，用线生动，构图完整。基本体现出考生的功底。

2*从此卷面看出考生具备了一定的造型能力，用线准确、生动，构图完整。人物形体比例及结构关系较准确，但站姿和蹲姿人物的颈部都稍显不足。

3*以"线"为造型语言，个性鲜明，较好地表现了人物的比例、结构及立体感。考生对人物的动态也把握得较好，构图较完整。

优秀试卷　艺术设计　工业设计　动画

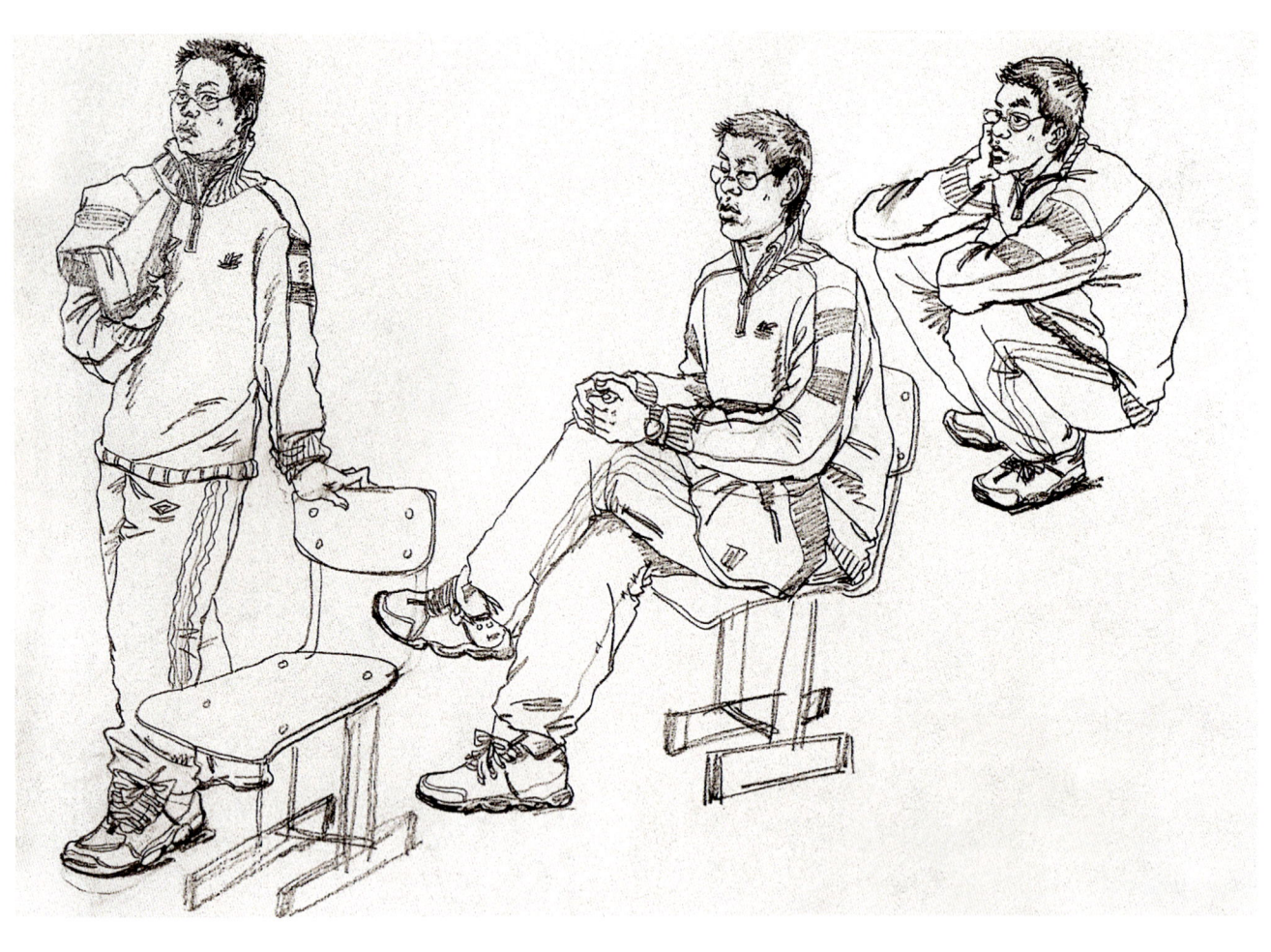

Super Papers: Design, Industrial Design & Cartoon

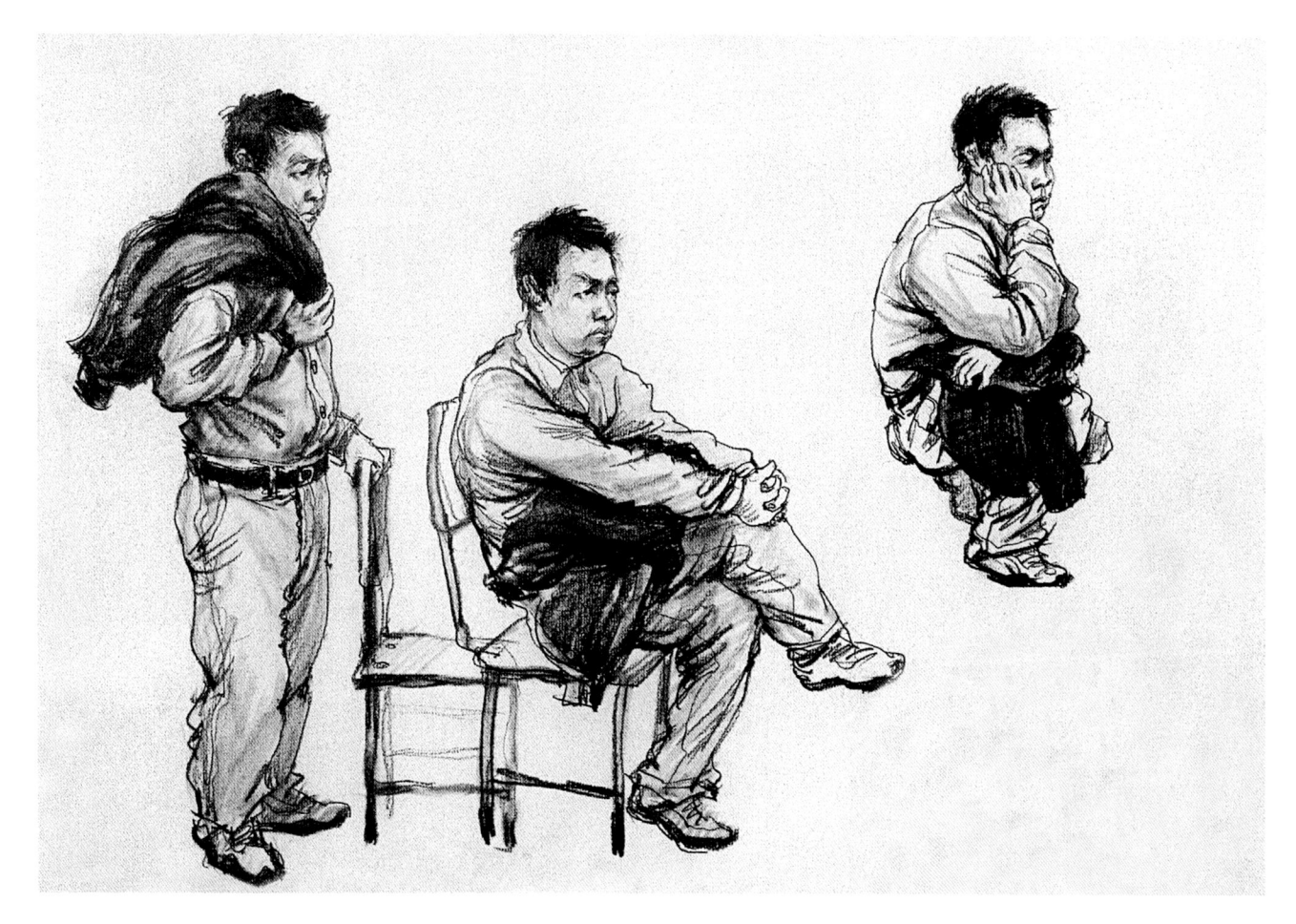

1*人物比例关系正确，站姿、坐姿等均能依照透视关系进行描绘。动态把握到位。人物服装、衣褶等细节刻画细致入微，用笔肯定、流畅。画面整体效果较好。

2*速写采用近似白描的表现手法，线条勾勒用笔肯定，衣褶能结合身体关节结构进行描绘，人物结构关系得当，造型主动。站姿人物比例显得有些短小。

3*人物速写运用线条结合少量明暗调子进行塑造，人物动态与神情把握得很到位。面部及着衣细节描写细腻且用笔流畅，有体积感。

优秀试卷　艺术设计　工业设计　动画

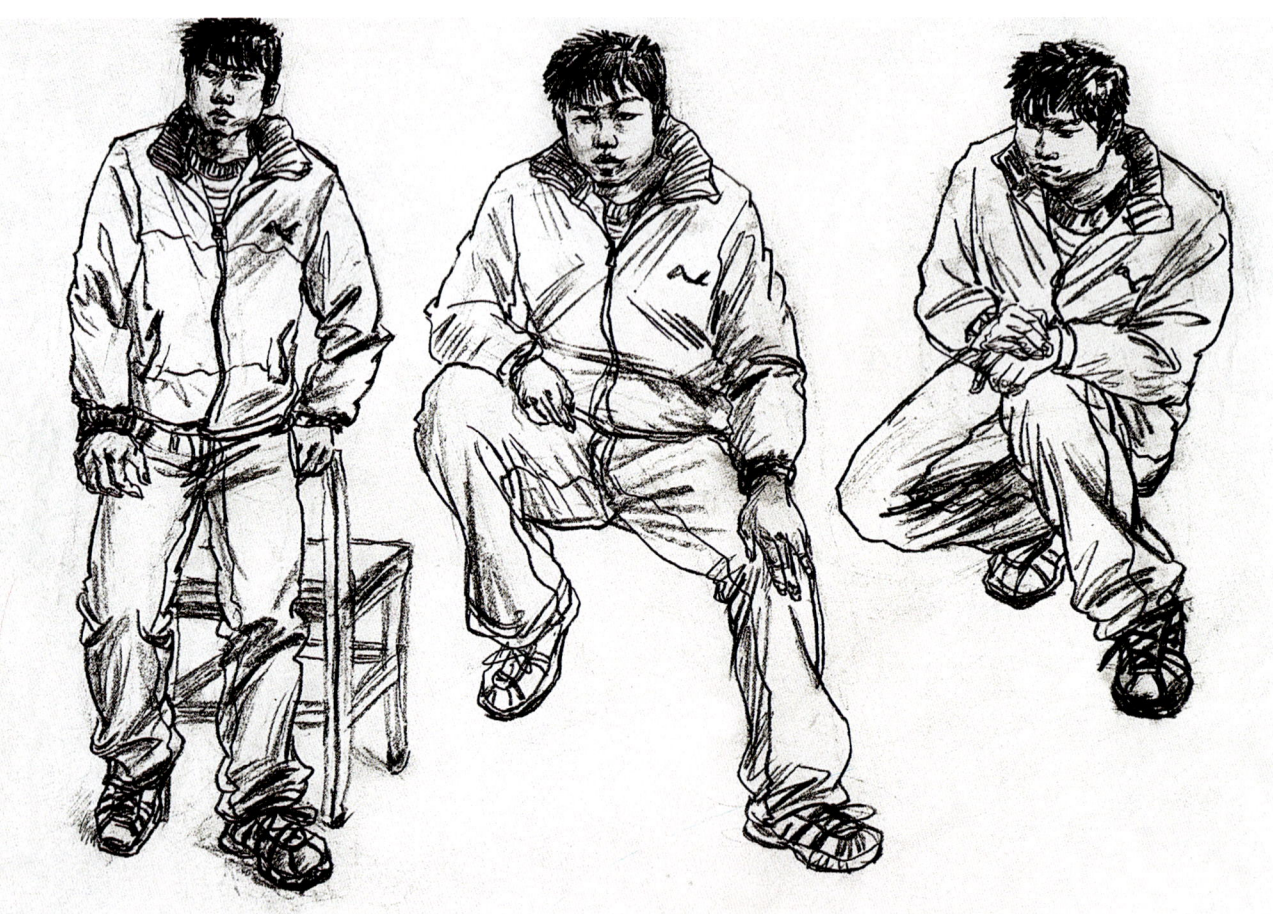

Super Papers: Design, Industrial Design & Cartoon

1*此考生对模特动态与神情描写到位，造型感觉敏锐。从画面效果上看，人物形体塑造果断有力度，整体感强，衣服等细节描写也较为精彩。

2*人物速写姿态比例正确，站姿、坐姿等动态均把握较好，人物结构关系得当，画面效果较为完整，反映出该考生有较强的造型能力。

3*此考生造型功底扎实，所画模特动态与神情把握得当，面部及身体各部刻画精准、细腻，且结合简单明暗进行描绘，造型主动，显示出颇具写实能力。

优秀试卷　　艺术设计　工业设计　动画

Super Papers: Design, Industrial Design & Cartoon

1*人物写生手法大气、有气势，周身结构关系得当，用笔方面颇有特色，流畅肯定，果断而有力度。从整体看，人物形体描绘效果较好。

2*此考生观察力强，对形体感觉敏锐，运用单线勾勒造型主动，头、手及姿态刻画结实有体积感，着衣细节描绘精细。从画面整体效果上看，人物描绘丰富到位。

3*画面人物速写比例正确，运用线条结合少量明暗调子进行描绘，人物结构关系得当，整体效果较好。人物结构及形象塑造上稍显平均。

优秀试卷　艺术设计 工业设计 动画

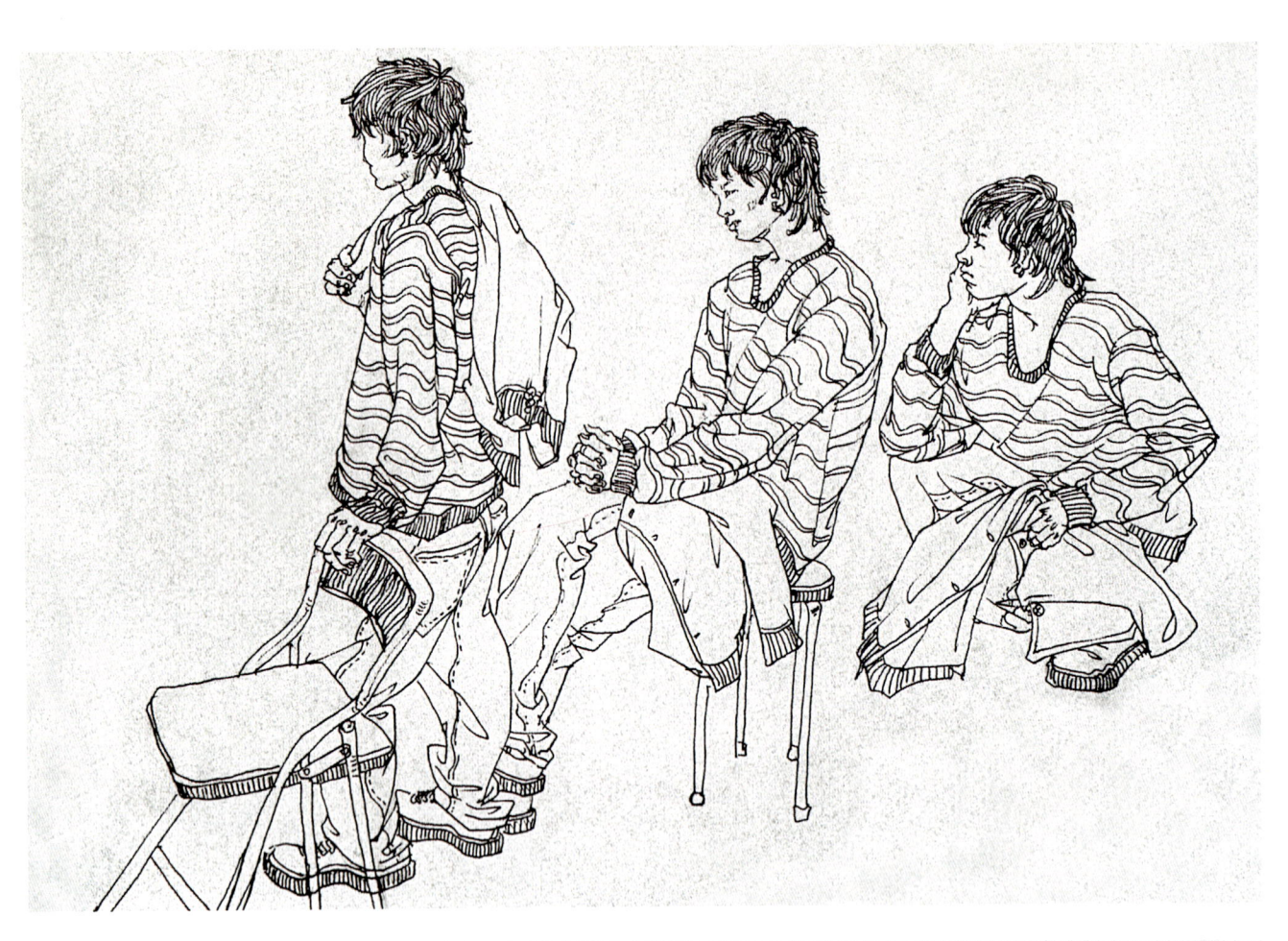

Super Papers: Design, Industrial Design & Cartoon

1*这是一幅完全采用"线"表现的速写试卷，三个动作的姿态特征表达得非常准确生动，人物的结构、比例、神情也十分到位。作者通过线条的疏密、起伏，巧妙地组织和处理头发、上衣、裤子以及鞋的关系，内部形态与外部特征的关系。这是一幅很好的速写试卷。

2*画面构图完整，三个人物的动作姿态、结构、比例清晰准确。头、颈、肩、胸、腰、臀的关系表现得也很到位。特别是坐姿和蹲姿的动作舒展、自然。线与明暗结合得非常合理，手和脚的刻画也很精确得当。

3*三个动作的姿态画得很协调，画面构图完整、内容丰富。人物的比例、结构比较舒服。站立的人物头、颈、肩、胸、腰、臀、腿、脚的关系处理得当，坐姿的人物动作协调合理，只是蹲姿的动作中，腰和臀的关系处理得有点短小，略有欠缺。